EL PO
CREATIVO
DE DIOS

CHARLES CAPPS

CASA
CREACIÓN
Para vivir la Palabra

Para vivir la Palabra

MANTÉNGANSE ALERTA;
PERMANEZCAN FIRMES EN LA FE;
SEAN VALIENTES Y FUERTES.
—1 CORINTIOS 16:13 (NVI)

El poder creativo de Dios por Charles Capps
Publicado por Casa Creación
Miami, Florida
www.casacreacion.com
©2023 Derechos reservados

ISBN: 978-1-960436-04-7
E-book ISBN: 978-1-960436-05-4

Desarrollo editorial: *Grupo Nivel Uno, Inc.*
Adaptación de diseño interior y portada: *Grupo Nivel Uno, Inc.*

Publicado originalmente en inglés bajo el título:
God's Creative Power Gift Collection
Publicado por Harrison House
PO Box 35035,
Tulsa, OK 74137-4271
© 2004 by Charles Capps
Todos los derechos reservados.

Nota de la editorial: Aunque el autor hizo todo lo posible por proveer teléfonos y páginas
de internet correctos al momento de la publicación de este libro, ni la editorial ni el autor
se responsabilizan por errores o cambios que puedan surgir luego de haberse publicado.

Impreso en Colombia

23 24 25 26 27 LBS 9 8 7 6 5 4 3 2 1

Contenido

EL PODER CREATIVO DE DIOS LE DARÁ RESULTADOS

Capítulo 1

El poder creativo de Dios le dará resultados

❧

LA GRAN CONFESIÓN

Al cristianismo lo llaman la *gran confesión*, pero la mayoría de los cristianos que andan derrotados están así porque creen y confiesan cosas equivocadas. Hablan las palabras del enemigo. Y esas *palabras* los mantienen esclavizados. Proverbios 6:1-2 dice:

"Te has enlazado con las palabras de tu boca".

Las palabras llenas de fe se impondrán sobre usted.
Las palabras llenas de temor lo derrotarán.
Las palabras son lo más poderoso del universo.

El hombre es un ser espiritual, muy capaz de operar al mismo nivel de fe que Dios. Leemos en Marcos 9:23 que: "Jesús le dijo: Si puedes creer, al que cree todo le es posible". Mateo 17:20 afirma: "Jesús les dijo: Por vuestra poca fe; porque de cierto os digo, que si tuviereis fe como un grano de mostaza, diréis a este monte: Pásate de

aquí allá, y se pasará; y nada os será imposible". Marcos 11:23 declara: "Porque de cierto os digo que cualquiera que dijere a este monte: Quítate y échate en el mar, y no dudare en su corazón, sino creyere que será hecho lo que dice, lo que diga le será hecho".

LEY ESPIRITUAL

Esto no es teoría. Es un hecho. **Es ley espiritual.** Da resultado cada vez que se aplica correctamente. Es una *ley espiritual. Dios nunca hace nada sin decirlo primero. Dios es un Dios de fe. Dios liberó su fe en las palabras.* "Respondiendo Jesús, les dijo: Tened fe en Dios" (Marcos 11:22). Una traducción más literal del versículo anterior es: "Tengan el tipo de fe de Dios o la fe de Dios".

Efesios 5:1, literalmente, nos dice que seamos imitadores de Dios como los niños imitan a sus padres.

Para imitar a Dios, usted debe hablar como Dios y actuar como .

Él no le pediría que haga algo que usted no es capaz de hacer.

Jesús actuó bajo los principios de fe de Marcos 11:23 y Mateo 17:20 mientras estuvo en la tierra. *Les habló al viento y al mar. Les habló a los demonios. Le habló a la higuera. Hasta a los muertos.*

El viento, el mar, el árbol, los demonios y hasta los muertos obedecieron a lo que él les dijo.

Él operaba en el tipo de fe de Dios.

Dios es un Dios de fe. Dios liberó su fe en las palabras. Jesús estaba imitando a su Padre y obteniendo los mismos resultados.

En Juan 14:12, Jesús declaró: "*El que en mí cree*, las obras que yo hago, él las hará también; y aun mayores" (énfasis del autor).

Estos principios de fe se basan en leyes espirituales. Dan resultados para cualquiera que aplique estas leyes.

Usted las pone en acción por las palabras de su boca.

¿Quiere realmente que todas las cosas negativas que ha estado confesando sucedan? ¿Está creyendo esas cosas?

Si Jesús viniera a usted personalmente y dijera: Desde este día en adelante acontecerá que todo lo que diga sucederá exactamente como lo dijo, ¿cambiaría eso su vocabulario?

Yo creo que sí.

ATE Y DESATE

Jesús dijo, en Mateo 16:19: "Y a ti te daré las llaves del reino de los cielos; y todo lo que atares en la tierra será atado en los cielos; y todo lo que desatares en la tierra será desatado en los cielos".

Salmos 119:89 nos dice: "Para siempre, oh Jehová, permanece tu palabra en los cielos". Lo que Dios dijo ya está establecido.

Ahora depende de usted.

¿Qué va a decir acerca de esto?

Dios no alterará lo que él ha dicho.

"No olvidaré mi pacto, ni mudaré lo que ha salido de mis labios".

—Salmos 89:34

¿Las palabras de quién establecerá usted sobre la tierra?

El poder de atar y desatar está sobre la tierra.

LAS PALABRAS QUE SE PRONUNCIAN

Las palabras habladas acondicionan su espíritu (corazón), ya sea para el éxito o la derrota.

Las palabras son recipientes. Contienen fe o temor, y producen según sea su tipo.

"Así que la fe es por el oír, y el oír, por la Palabra de Dios".

Romanos 10:17

La fe viene más rápido cuando usted se escucha a sí mismo citando, hablando y diciendo las cosas que Dios dijo. Al escucharse a sí mismo pronunciándola que al oírla decir a otra persona. Recibirá la Palabra de Dios en su espíritu, con más facilidad.

VIVA BAJO LA AUTORIDAD
DE LA PALABRA

El Espíritu de Dios me habló con respecto a confesar la palabra de Dios en voz alta, ahí donde uno puede escucharse a sí mismo.

Él dijo: "Esto es una aplicación científica de la sabiduría de Dios a la estructura psicológica del hombre".

Y da resultados. Gracias a Dios. *El Cuerpo de Cristo debe comenzar a vivir en la autoridad de la Palabra. Porque la Palabra de Dios es poder creativo.* Ese poder creativo es producido por el corazón, forjado por la lengua y liberado por la boca en forma de palabras.

En agosto de 1973, la Palabra del Señor vino a mí diciendo: "Si los hombres me creyeran, no serían necesarias las oraciones largas. Con solo hablar la Palabra ella traerá lo que usted desea. Mi poder creativo es dado al hombre en forma de palabras. Yo he terminado mi obra por un tiempo y he dado al hombre el libro de mi poder creativo. Ese poder TODAVÍA ESTÁ EN MI PALABRA.

"Para que sea efectiva, el hombre debe hablarla con fe. Jesús la habló cuando estaba en la tierra, y tal como obró entonces así obrará ahora. *Pero debe ser pronunciada por el cuerpo.* El hombre debe levantarse y dominar el poder del mal con mis palabras. Es mi mayor deseo que mi pueblo cree una mejor vida por la Palabra hablada. Porque mi Palabra no ha perdido su poder solo porque haya sido hablada una vez. Es igualmente poderosa hoy como cuando dije: 'Hágase la luz'.

"Pero para que mi Palabra sea efectiva, los hombres deben hablarla; y ese poder creativo aparecerá ejecutando lo que se habla en fe.

"Mi Palabra no está falta de poder.

"Mi pueblo está falto de habla. Escuchan al mundo y hablan como el mundo. Han perdido de vista mi Palabra porque observan las circunstancias. Hasta hablan lo que dice el enemigo y destruyen su propia herencia por la comunicación corrupta por el temor y la incredulidad.

"Ninguna Palabra mía está falta de poder, solo lo pierde cuando no se habla.

"Así como hay poder creativo en mi Palabra hablada, existe poder maligno en las palabras del enemigo para afectar y oprimir a cualquiera que las hable.

"No se conformen, sino transfórmense en el cuerpo de fe, sabiendo que mis Palabras están vivas eternamente. Crean, hablen y hagan que su gozo sea completo y ustedes estén completos en mí".

Estas verdades cambiaron mi vida. Nunca más he sido el mismo.

Confiese victoria frente a la aparente derrota. Confiese abundancia frente a la aparente carencia.

En junio de 1974, estaba enseñando en un seminario de fe en Hickory, Carolina del Norte. Hablé sobre Marcos 11:23. La Palabra del Señor vino a mí mientras estaba enseñando e hice una de las declaraciones más profundas que he escuchado alguna vez. Era sencilla, pero Jesús nunca hizo nada difícil de entender. Tan sencilla que casi parece tonta, pero ha cambiado muchas vidas.

Esa declaración cambiará su vida en la medida que la reciba. Coloquémosla en el contexto del cual él habló.

"Porque de cierto os digo que cualquiera que dijere a este monte: Quítate y échate en el mar, y no dudare en su corazón, sino creyere que será hecho lo que dice, lo que diga le será hecho".

Marcos 11:23

Mientras enseñaba sobre ese texto, Jesús me dijo: *"Le he dicho a mi pueblo que pueden tener LO QUE DIGAN, pero ellos están DICIENDO LO QUE TIENEN".*

Esa es una verdad sencilla, pero qué profunda y con cuánto alcance. Porque mientras usted diga lo que tiene, tendrá lo que afirma, de manera que usted dice otra vez lo que tiene, y eso no produce más que lo que diga.

Usted puede ver que ha puesto una ley espiritual en movimiento que le confinará a la misma posición o circunstancia en la que está cuando la pone en acción. Este es el antiguo problema de no mirar más allá de lo que puede ver con los ojos físicos.

Una aplicación correcta de esta ley espiritual cambiará aun una situación imposible. Pero hacerlo de forma incorrecta le mantendrá atado y hará que la circunstancia empeore.

Cada principio de fe, cada ley espiritual que Dios anunció en su Palabra fue para beneficio de usted. (Fue diseñado para imponerlo a su vida).

APRENDA A LIBERAR SU FE CON SUS PALABRAS

Usted puede tener lo que dice si aprende a liberar la fe con la esencia de sus palabras.

Jesús dijo: "… y como creíste, te sea hecho" (Mateo 8:13). *No dijo que daría resultados solo si usted lo creía correctamente. Lo crea de forma correcta o errada, aun así es ley. "Dios no puede ser burlado: pues todo lo que el hombre sembrare, eso también segará"* (Gálatas 6:7).

La ley espiritual se basa en el mismo principio básico de la siembra y la cosecha. Las palabras que usted habla son semillas que producen según su clase. Tan cierto como que son plantadas, usted puede estar igualmente seguro de que le seguirá la cosecha.

La fe habla. Cuando la fe habla, lo que se habla es fe, no temor ni incredulidad.

LOS TESOROS DEL CORAZÓN NO PUEDEN OCULTARSE, SE MANIFIESTAN A TRAVÉS DE LAS PALABRAS

Aprenda a tomar las Palabras de Jesús en forma personal.

En Marcos 11:23, Jesús declara que usted puede tener lo que dice si eso que afirma proviene de la fe en su corazón.

¿Qué sucedería si Jesús caminara por los pasillos de su iglesia, impusiera sus manos sobre la gente y dijera: "Acontecerá que después que haya puesto mi mano sobre cada uno de ustedes, todo lo que digan sucederá tal como lo dicen"?

La mitad de la congregación saltaría y diría: *"¡Me moriría de la risa!"*.

El enemigo ha programado las mentes de las personas al punto que, en vez de resistirle, casi se han aliado con él y han comenzado a hablar su idioma.

ENTRÉNESE PARA HABLAR LA PALABRA DE DIOS

Entrenémonos para hablar la Palabra de Dios. Efesios 5:1 nos anima: "Sed imitadores de mí, como hijos amados". La palabra "seguidores" en el griego significar "imitar". *Debemos imitar a Dios como el niño lo hace con su padre.* Si un niño imita a su padre, caminará como él, hablará como él y modelará cada movimiento suyo.

No deberíamos hacer menos con nuestro Padre, Dios.

Cuando usted estudia la vida de Jesús, encuentra varios hechos importantes que hicieron que él superara al mundo, la carne y al diablo. Enumeraré algunos.

1. Él pasó mucho tiempo en oración, pero nunca oró el problema; oró la respuesta, *lo que Dios dijo que es la respuesta.*

2. Habló palabras precisas, nunca retorcidas. Su conversación siempre consistió en lo que Dios dijo.
3. Siempre habló de los resultados finales, **no del problema**. Nunca confesó las circunstancias **presentes**. Habló y dijo los **resultados deseados**.
4. Utilizó la Palabra escrita para derrotar a Satanás.

LA PALABRA DE DIOS CONCEBIDA
EN EL CORAZÓN, FORMADA POR
LA LENGUA Y PRONUNCIADA POR
LA BOCA ES PODER CREATIVO.

Capítulo 2

La Palabra de Dios es medicina

Proverbios 4:20-22 dice: "… está atento a mis palabras … son vida … y medicina a todo su cuerpo".

La Palabra de Dios ministra al hombre por completo. Su Palabra (Jesús) es nuestra sabiduría, rectitud, santificación y redención.

La mayoría de las personas emplea las palabras de su boca para mantenerse atadas. Pero en la medida que comience a hablar la Palabra de Dios desde el corazón, esta producirá libertad. Producirá la salud y la curación que la Palabra afirma.

La mayoría de las personas habla lo contrario a la Palabra. Habla cosas que el diablo ha dicho. Cita lo que el enemigo ha dicho acerca de ellos. Por lo tanto, han establecido las palabras que el enemigo declaró sobre la tierra.

Si comenzamos a **establecer las cosas que Dios dijo y su Palabra sobre esta tierra,** entonces, gracias a Dios, ¡nos levantaremos a un nuevo nivel de fe!

Andaremos en un nivel de vida en que liberamos la habilidad de Dios con las palabras de nuestra boca.

Podemos liberar el potencial divino dentro de nosotros mismos con las palabras de nuestra boca. Podemos liberar la habilidad de Dios y hacer que **su Palabra** y **su poder** estén a **nuestra disposición.**

Aprendamos a tomar la medicina de Dios cada día.

CÁPSULAS[1]

Para derrotar la preocupación y el temor confiese estas píldoras tres veces al día

Yo soy el cuerpo de Cristo y Satanás no tiene poder sobre mí. Porque yo supero con el bien el mal (1 Corintios 12:27; Romanos 12:21).

Soy de Dios y lo he vencido (a Satanás). Porque más grande es aquel que está en mí, que el que está en el mundo (1 Juan 4:4).

No temeré el mal porque tú estás conmigo Señor, tu Palabra y tu Espíritu me confortan (Salmos 23:4).

Estoy lejos de la opresión, y el temor no se me acerca (Isaías 54:14).

Ningún arma forjada contra mí prosperará, porque mi rectitud es del Señor. Sino que cualquier cosa que yo haga prosperará porque soy como árbol plantado junto a corrientes de aguas (Isaías 54:17; Salmos 1:3).

Soy libertado de los males de este mundo presente porque esta es la voluntad de Dios (Gálatas 1:4).

Ningún mal me sobrevendrá ni plaga tocará mi morada. Porque el Señor me ha dado sus ángeles que me cuiden y ellos me guardan en todos mis caminos, y en mi senda hay vida y no hay muerte (Salmos 91:10, 11; Proverbios 12:28).

Soy hacedor de la Palabra de Dios y soy bendecido en mis obras. Soy feliz con lo que hago porque soy un hacedor de la Palabra de Dios (Santiago 1:22).

Cristo me ha redimido de la maldición de la ley. Por lo tanto, prohíbo que cualquier enfermedad venga sobre este cuerpo. Todo germen de enfermedad y todo virus que toque este cuerpo mueran instantáneamente en el nombre de Jesús. Cada órgano y cada tejido de este cuerpo funcionan a la perfección con que Dios los creó, y prohíbo cualquier funcionamiento defectuoso en este cuerpo, en el nombre de Jesús (Gálatas 3:13; Romanos 8:11; Génesis 1:31; Mateo 16:19).

Soy un vencedor y venzo por la sangre del Cordero y la palabra de mi testimonio (Apocalipsis 12:11).

Estoy sometido a Dios y el diablo huye de mí porque le resisto en el nombre de Jesús (Santiago 4:7).

Tomo el escudo de la fe y apago cualquier dardo malo que el maligno traiga contra mí (Efesios 6:16).

La Palabra de Dios está establecida para siempre en el cielo. Por lo tanto, yo la establezco sobre esta tierra (Salmos 119:89).

Grande es la paz de mis hijos porque ellos son enseñados por el Señor (Isaías 54:13).

SI TIENE SOBREPESO, TOME ESTA CÁPSULA ANTES DE LAS COMIDAS TRES VECES AL DÍA

No deseo comer tanto que tenga sobrepeso. Presento mi cuerpo a Dios; mi cuerpo es el templo del Espíritu Santo, el cual habita en mí. No me pertenezco; soy comprado por un precio; por lo tanto, en el nombre de Jesús me rehúso a comer de más. Cuerpo, asiéntate, en el nombre de Jesús, y conforme a la Palabra de Dios. Hago morir los deseos de este cuerpo y le ordeno alinearse con la Palabra de Dios (Romanos 12:1; 1 Corintios 6:19).

PARA SUS NECESIDADES MATERIALES, CONFIESE ESTO TRES VECES AL DÍA HASTA QUE SE MANIFIESTEN

Cristo me ha redimido de la maldición de la ley. Cristo me ha redimido de la pobreza; Cristo me ha redimido de la enfermedad; Cristo me ha redimido de la muerte espiritual (Gálatas 3:13; Deuteronomio 28).

Para la pobreza, él me ha dado riqueza; para la enfermedad, me ha dado salud; para la muerte, me ha dado vida eterna (2 Corintios 8:9; Isaías 53:5, 6; Juan 10:10; Juan 5:24).

Esto es cierto en cuanto a mí según la Palabra de Dios (Salmos 119:25).

No me falta nada porque mi Dios suplió toda mi necesidad de acuerdo a sus riquezas en gloria por Cristo Jesús (Filipenses 4:19).

No me falta nada porque mi Dios suplió toda mi necesidad de acuerdo a sus riquezas en gloria por Cristo Jesús (Filipenses 4:19).

Con la medida que mida, seré medido. Siembro abundantemente; por lo tanto recojo abundantemente. Doy alegremente, y mi Dios ha hecho que toda gracia sobreabunde en mí, y tengo suficiente de todas las cosas, abundo para toda buena obra (2 Corintios 9:6-8).

Yo he dado y me es dada; medida buena, apretada, remecida y rebosando darán en mi regazo (Lucas 6:38).

Me deleito en el Señor y él me da los deseos de mi corazón (Salmos 37:4).

El Señor es mi pastor y nada me falta. Jesús se hizo pobre, para que yo a través de su pobreza pudiera tener abundancia. Porque él vino para que yo tuviera vida y vida en abundancia (Salmos 23:1; 2 Corintios 8:9; Juan 10:10).

Y yo, habiendo recibido abundancia de gracia y el regalo de la justicia reino como un rey en la vida por Jesucristo (Romanos 5:17).

El Señor se complace en la prosperidad de su siervo, y las bendiciones de Abraham son mías (Salmos 35:27; Gálatas 3:14).

Para obtener sabiduría y guía, confiese esto tres veces al día hasta que sea evidente

El Espíritu de verdad habita en mí y me enseña todas las cosas, y él me guía a toda verdad. Por lo tanto confieso que tengo perfecto conocimiento de cada situación y de cada circunstancia contraria que surja. Porque tengo la sabiduría de Dios (Juan 16:13; Santiago 1:5).

Confío en el Señor con todo mi corazón, y no descanso en mi propio entendimiento (Proverbios 3:5).

En todos mis caminos lo reconozco y él dirige mi senda (Proverbios 3:6).

El Señor perfeccionará lo que a mí concierne (Salmos 138:8).

Permito que la Palabra de Dios habite en mí ricamente con toda sabiduría (Colosenses 3:16).

Soy lleno con el conocimiento de la voluntad del Señor en toda sabiduría y entendimiento espiritual (Colosenses 1:9).

Jesús me ha sido hecho sabiduría, justificación, santificación y redención. Por lo tanto confieso que tengo la sabiduría de Dios, y que soy la justicia de Dios en Cristo Jesús (1 Corintios 1:30; 2 Corintios 5:21).

Sigo al buen Pastor y conozco su voz, la voz de un extraño no seguiré (Juan 10:4, 5).

Soy nueva creación en Cristo; soy su hechura creada en Cristo Jesús. Por lo tanto tengo la mente de Cristo y la sabiduría de Dios es formada dentro de mí (2 Corintios 5:17; Efesios 2:10; 1 Corintios 2:16).

Me desvisto del viejo hombre y me visto del hombre nuevo, que se renueva en el conocimiento según la imagen de aquel que me creó (Colosenses 3:10).

Recibo el Espíritu de sabiduría y revelación en el conocimiento de él, siendo iluminados los ojos de mi entendimiento. Y no me conformo a este mundo sino que soy transformado por la renovación de mi mente. Mi mente se renueva por la Palabra de Dios (Efesios 1:17, 18; Romanos 12:2).

Para comodidad y fortaleza confiese esto tanto como sea necesario

Estoy aumentando en el conocimiento de Dios. Soy fortalecido con todo poder de acuerdo a su glorioso poder (Colosenses 1:10, 11).

Soy librado del poder de la oscuridad y soy trasladado al reino de su amado Hijo (Colosenses 1:13).

Soy nacido de Dios y tengo la fe que vence al mundo habitando dentro de mí. Porque más grande es el que está en mí, que aquel que está en el mundo (1 Juan 5:4, 5; 1 Juan 4:4).

Haré todas las cosas en Cristo que me fortalece (Filipenses 4:13).

El gozo del Señor es mi fortaleza. El Señor es la fortaleza de mi vida (Nehemías 8:10; Salmos 27:1).

Ningún hombre me sacará de su mano porque tengo vida eterna (Juan 10:29).

Permito que la paz de Dios rija mi corazón y rehúso preocuparme por cualquier cosa (Colosenses 3:15).

La paz de Dios, que sobrepasa todo conocimiento, mantiene mi corazón y mi mente a través de Cristo Jesús. Y pienso en cosas buenas, puras y perfectas, amables y de buen nombre (Filipenses 4:7, 8).

No permito que ninguna comunicación corrupta salga de mi boca, sino lo que sea bueno para edificar, que pueda ministrar gracia al que escucha. No entristezco al Espíritu Santo de Dios, con el cual soy sellado hasta el día de la redención (Efesios 4:29).

Hablo la verdad de la Palabra de Dios en amor y crezco en el Señor Jesucristo en todas las cosas (Efesios 4:15).

No dejaré que la Palabra de Dios salga de delante de mis ojos porque es vida para mí; la he encontrado y es salud y sanidad para toda mi carne (Proverbios 4:21, 22).

Dios está de mi lado. Dios está en mí ahora; ¿quién puede estar contra mí? Él me ha dado todas las cosas que pertenecen a la vida y a la piedad. Por lo tanto, soy parte de su naturaleza divina (2 Corintios 6:16; Juan 10:10; 2 Pedro 1:3, 4; Romanos 8:31).

Soy creyente y estas señales me seguirán. En el nombre de Jesús echo fuera demonios, hablo en otras lenguas, pongo mis manos sobre el enfermo y se recupera (Marcos 16:17, 18).

Jesús me dio autoridad para usar su nombre. Y lo que yo ato en la tierra es atado en el cielo. Y lo que desato en la tierra se desata en el cielo. Por lo tanto, en el nombre del Señor Jesucristo ato los principados, las potestades, los gobernadores de las tinieblas de este mundo. Ato y derribo huestes espirituales de maldad en lugares altos y las hago inofensivas e ineficientes contra mí en el nombre de Jesús (Mateo 16:19; Juan 16:23, 24; Efesios 6:12).

Estoy completo en él que es la cabeza de todo principado y poder. Porque soy su hechura, creada en Cristo Jesús para buenas obras, las que Dios ordenó desde antes que yo caminara (Colosenses 2:10; Efesios 2:10).

Dios creó el universo mediante los métodos que acaba de poner en acción con las palabras de su boca. Dios liberó su fe con las palabras. El hombre es creado a la imagen de Dios; por lo tanto libera su fe en las palabras. Estas son lo más poderoso en el universo hoy.

Permítame decirlo otra vez: "La Palabra de Dios concebida en el espíritu humano, formada por la lengua, y hablada por la boca se convierte en poder creativo que dará resultados para usted".

Si el Cuerpo de Cristo se aferrara a las verdades y principios que se enseñan en este libro, y los pusiera en acción, podrían cambiar el mundo.

Jesús dijo:

"LE HE DICHO A MI PUEBLO QUE PUEDE TENER LO QUE DICE, PERO MI PUEBLO ESTÁ DICIENDO LO QUE TIENE".

EL PODER CREATIVO DE DIOS PARA LA SANIDAD

Introducción

La ciencia médica nos dice que existen muchas enfermedades incurables, así como algunas formas de cáncer,
artritis, cardiovasculares y SIDA, solo para mencionar
algunas. Este libro presenta una ayuda sobrenatural para
toda la gente con enfermedades incurables. Mezclar la fe
con la Palabra al hablarla con su boca es un medio de
aplicar la medicina de Dios. El resto depende del indivi-
duo si tiene o no la confianza de tomar la medicina divina
en forma habitual.

El propósito de esta obra es revelar los principios de la
Palabra de Dios e instruirle en cómo cooperar y aplicarlos
para obtener sanidad. Muchos están buscando sanidad
pero hablan de enfermedad y sufrimiento hasta que establecen esa imagen en ellos. Sus pensamientos y palabras
producen un esquema vívido y viven dentro del marco y
las limitaciones de ese esquema.

En los siguientes capítulos usted aprenderá cómo hacer
que ese esquema se conforme a la Palabra de Dios.

CAPÍTULO 1

Construya bloques de vida o muerte

Sus palabras están construyendo bloques con los que edifica su vida y su futuro. Ellas establecen las piedras angulares de su existencia, y usted vive dentro de los confines de ese límite que crea con sus propias palabras. Situaciones, circunstancias y condiciones, están todas sujetas a cambio, pero con el apoyo de sus palabras puede establecerlas en su vida para siempre.

El siguiente artículo, titulado "El paciente sabe más", apareció en el ejemplar de agosto de 1991 de la revista *Selecciones* [The Reader's Digest]:

"La respuesta de una persona a la pregunta: '¿Es su salud excelente, buena, regular o mala?', es un notable anunciador de quién vivirá o morirá en los próximos cuatro años de acuerdo a nuevos descubrimientos.

"Un estudio de más de 2.800 hombres y mujeres mayores de 65 años encontró que los que califican su salud como 'pobre' tienen cuatro o cinco

veces más probabilidad de morir en los próximos cuatro años que aquellos que la califican como 'excelente'. Este fue el caso aun en las pruebas que demuestran que los encuestados son comparables en salud.

"Estos hallazgos son apoyados por una revisión de otros cincos grandes estudios, totalizando 23.000 personas, los cuales alcanzaron conclusiones similares, según Ellen Idler, sociólogo de Rutgers University, y el epidemiólogo Stanislav Kasl, de la Escuela de Medicina de la Universidad de Yale, coautores del nuevo estudio".

Las personas que tienen una imagen de sí mismas con mala salud hablarán de la precariedad de esta. Aun cuando puedan tener buena salud, parecen dar vida a la imagen que tienen de sí mismos, llegando incluso hasta a morir.

Esto confirmaría Proverbios 18:21: "La muerte y la vida están en poder de la lengua, y el que la ama comerá de sus frutos".

Lo que usted cree y habla no solo afecta su cuerpo *sino también su sistema inmunológico*. Sus palabras se convierten en bendición o maldición para usted mismo.

Jesús lo dijo de esta forma: "El hombre bueno, del buen tesoro de su corazón saca lo bueno; y el hombre malo, del mal tesoro de su corazón saca lo malo; porque de la abundancia del corazón habla la boca" (Lucas 6:45).

Estoy convencido, por mi estudio de la Palabra de Dios, que sus propias palabras pueden mejorar o empeorar su sistema inmunológico (Santiago 3:2-7). Las palabras que usted habla son vitales para su salud y su bienestar. Creo que hay algunas enfermedades que nunca serán curadas a menos que las personas aprendan a hablar el lenguaje de la salud que el cuerpo entiende. La Palabra de Dios es infundida (injertada) en usted al darle voz a ella con su propia boca, y este es el lenguaje saludable de su cuerpo.

Una afirmación continua de la Palabra de Dios con fe forjará en su sistema inmunológico una unción sobrenatural que es capaz de eliminar la enfermedad y la afección de manera natural.

LOS BLOQUES DE CONSTRUCCIÓN DE DIOS

He aquí algunas razones espirituales por las que creo esto muy firmemente:

Determinarás asimismo una cosa, y te será firme, y sobre tus caminos resplandecerá luz.

Job 22:28

La boca del necio es quebrantamiento para sí, y sus labios son lazos para su alma.

Proverbios 18:7

Porque de cierto os digo que cualquiera que dijere a este monte: Quítate y échate en el mar, y no dudare en su corazón, sino creyere que será hecho lo que dice, lo que diga le será hecho.

Marcos 11:23

El corazón del hombre piensa su camino; mas Jehová endereza sus pasos.

Proverbios 16:9

El que guarda su boca y su lengua, su alma guarda de angustias.

Proverbios 21:23

Del fruto de la boca del hombre se llenará su vientre; se saciará del producto de sus labios. La muerte y la vida están en poder de la lengua, y el que la ama comerá de sus frutos.

Proverbios 18:20, 21

Y la lengua es un fuego, un mundo de maldad. La lengua está puesta entre nuestros miembros, y contamina todo el cuerpo, e inflama la rueda de la creación y ella misma es inflamada por el infierno.

Santiago 3:6

Produciré fruto de labios: Paz, paz al que está lejos y al cercano, dijo Jehová; y lo sanaré.

Isaías 57:19

Manantial de vida es la boca del justo; pero violencia cubrirá la boca de los impíos.

Proverbios 10:11

Las palabras de los impíos son acechanzas para derramar sangre; mas la boca de los rectos los librará.

Proverbios 12:6

El hombre será saciado de bien del fruto de su boca; y le será pagado según la obra de sus manos.

Proverbios 12:14

Hay hombres cuyas palabras son como golpes de espada; mas la lengua de los sabios es medicina.

Proverbios 12:18

El que guarda su boca guarda su alma; mas el que mucho abre sus labios tendrá calamidad.

Proverbios 13:3

En la boca del necio está la vara de la soberbia; mas los labios de los sabios los guardarán.

Proverbios 14:3

La lengua apacible es árbol de vida; mas la perversidad de ella es quebrantamiento de espíritu.

Proverbios 15:4

La lengua que brinda consuelo es árbol de vida; la lengua insidiosa deprime el espíritu.

Proverbios 15:4 (NVI)

La lengua de los sabios adornará la sabiduría; mas la boca de los necios hablará sandeces.

Proverbios 15:2

El corazón del sabio hace prudente su boca, y añade gracia a sus labios.

Proverbios 16:23

Panal de miel son los dichos suaves; suavidad al alma y medicina para los huesos.

Proverbios 16:24

Usted puede ver a partir de estas pocas referencias que la Palabra de Dios tiene mucho que decir acerca de las palabras y sus efectos sobre usted y su salud.

CAPÍTULO 2

La sanidad divina es cura espiritual

La ciencia médica ayuda a sanar a través de medios físicos administrando medicina al cuerpo físico. La sanidad divina es espiritual. Es administrada a través del espíritu humano (1 Corintios 2:9-12). El Salmo 107:20 nos dice que Dios envió su Palabra y los sanó. Observe que no dijo que Dios envió su Palabra *para sanar*, sino que envió su Palabra *Y SANÓ*. Dios lo considera hecho. Dios no considera a las personas, sino que respeta la fe en su Palabra.

> Hijo mío, está atento a mis palabras; inclina tu oído a mis razones. No se aparten de tus ojos; guárdalas en medio de tu corazón; porque son vida a los que las hallan, y medicina a todo su cuerpo.
>
> Proverbios 4:20-22

Primero que todo observe que la Palabra de Dios es VIDA. También es SALUD, o medicina, a toda su carne. La Palabra de Dios SANARÁ SU CUERPO, pero lo hace a través de medios espirituales. La sanidad puede recibirse en el espíritu humano a través de la Palabra. Una vez que es concebida allí, permea el cuerpo físico.

Así como ingiere medicina para su cuerpo físico a fin de ayudar a sanarlo por los medios convencionales, DEBE RECIBIR LA PALABRA DE DIOS —con respecto a la sanidad de su espíritu— para obtener salud sobrenatural.

La palabra injertada

La Palabra de Dios es LEY ESPIRITUAL PERFECTA (Salmos 19:7). Es MEDICINA SOBRENATURAL. Obra a través del espíritu humano y es cura espiritual, pero como cualquier otra medicina debe aplicarse con regularidad. Usted DEBE HABLAR LA PALABRA DE DIOS a sus circunstancias o situaciones individuales, nadie más puede hacerlo por usted. Santiago 1:21 nos exhorta a "recibid con mansedumbre la palabra implantada, la cual puede salvar vuestras almas". Una vez que la Palabra de Dios es injertada en su espíritu, produce resultados en el cuerpo también.

Jesús dijo: "Si permanecéis en mí, y mis palabras permanecen en vosotros, pedid todo lo que queréis, y os será hecho" (Juan 15:7). Cuando la Palabra de Dios viene a ser injertada o infundida en su espíritu, llega a ser parte de usted. ¡No puede separarse de usted! No es solo su pensamiento y su afirmación, ¡es usted! LA PALABRA HECHA CARNE. Entonces su carne reflejará la vida de esa Palabra. Cuando la Palabra de Dios, con respecto a la sanidad, se arraiga en su carne, llega a ser más grande que la enfermedad, y el resultado es la sanidad.

La imagen que la Palabra crea en usted es una realidad en el reino espiritual. Cuando usted habla la Palabra de Dios desde su corazón, entonces la fe da certeza a las promesas de Dios. Su fe enmarca su mundo cada día. Jesús lo hizo muy sencillo:

> "El hombre bueno, del buen tesoro del corazón saca buenas cosas; y el hombre malo, del mal tesoro saca malas cosas…".
>
> —Mateo 12:35

En el primer capítulo de Génesis notará que cada vez que Dios hablaba, ¡tenía lugar la creación! ¡Las palabras son TRANSPORTES DE FE! "Por la fe entendemos haber sido constituido el universo por la palabra de Dios, de modo que lo que se ve fue hecho de lo que no se veía" (Hebreos 11:3). Sin palabras, no habría creación alguna. Sus palabras crean imágenes, y finalmente usted vivirá según la realidad de esa imagen.

Cada vez que usted habla su fe, crea una imagen más fuerte en su interior. Si es sanidad lo que usted desea, la imagen saludable es creada por la Palabra de Dios y su continua afirmación y acuerdo con ella. Finalmente esa imagen se perfecciona por la Palabra de Dios y usted comienza a verse a sí mismo bien. Cuando la Palabra se injerta dentro de usted, infunde su vida en su interior (Juan 6:63; Romanos 8:11).

LA FE POSEE LA REALIDAD

Un ejemplo de esto se halla en Marcos 5:25-28, donde la mujer con el flujo de sangre dijo: "Si tocare tan solamente su manto, seré salva". ¡Ella siguió hablando hasta que SE VIO BIEN! Esperaba ser sanada mientras se apretujaba entre la multitud. La Nueva Versión Internacional afirma: "Si logro tocar siquiera su ropa, quedaré sana".

Esa espera era su meta, pero ella no se SENTÍA SANA; no LUCÍA SANA. Sin embargo, comenzó a llenarse de esperanza con palabras rebosantes de fe: "Recuperaré la salud, recuperaré la salud, recuperaré la salud…"

Estoy seguro de que su cabeza decía: "¿CUÁNDO?" "¡NO LUCES NADA MEJOR; NO ESTÁS MEJOR PARA NADA!"

Entonces comenzó a responder con razonamientos humanos siendo más específica: "Cuando toque su manto recuperaré la salud".

Ella estaba llenando su ESPERANZA con una IMAGEN DE FE. Estableció su propio punto de contacto para recibir la salud. Sus palabras penetraron su espíritu y comenzó a verse bien. Esa imagen "mucho peor" de desesperación y derrota tenía que dar paso a las PALABRAS LLENAS DE FE que venían de su propia boca.

Cuando tocó la ropa de él, *su toque* de fe dio una orden al pacto de Dios y a la *UNCIÓN* que estaba sobre Jesús.

Lo que ella estaba diciendo era su *FE HABLADA*. Cuando actuó según lo que decía y tocó su manto, esa fe que estaba en ella se convirtió en la certeza de su esperanza, y sus palabras llegaron a ser una realidad viva.

La fe da certeza a la esperanza

Observe que fue su fe la que dio una orden a la unción sanadora que estaba sobre Jesús. La fe dio certeza a su esperanza y la salud se manifestó EN SU CUERPO.

"La fe es la certeza de lo que se espera" (Hebreos 11:1). La esperanza es importante, pero ella carece de certeza hasta que es llena de fe. La esperanza solo es un determinador de metas. Su esperanza era ser sanada, pero la esperanza ¡NO LA SANÓ! LA FE fue la que le dio certeza a su esperanza.

Su fe le dio la certeza que originó la manifestación de la sanidad que ya era suya por causa del pacto. Pero ella tenía que pedirla. Observe las palabras de Jesús: "Al que cree todo le es posible…" (Marcos 9:23). "Si tuvierais fe como un grano de mostaza, podríais decir…" (Lucas 17:6). "El que cree en el Hijo tiene…" (Juan 3:36). "Cualquiera que dijere… lo que diga le será hecho" (Marcos 11:23, 24). Es el principio bíblico de CREER Y PEDIR POR LAS COSAS QUE NO SON MANIFIESTAS TODAVÍA.

Las palabras de Jesús resuenan muy claro con respecto a este asunto. "Hija, *tu fe te ha hecho salva…*" (Marcos 5:34, énfasis del autor).

Darle voz a su fe en la Palabra de Dios también puede salvarle.

CAPÍTULO 3

La Palabra de Dios es medicina

En Proverbios 4:22 se habla de la Palabra de Dios como medicina a toda nuestra carne. Es la medicina más poderosa que tenemos a nuestra disposición y es capaz de sanar su cuerpo sin efectos secundarios.

El Salmo 107:20 nos dice que Jesús envió su Palabra y sanó. Según Isaías 53:5-6 y 1 Pedro 2:24, la sanidad es un hecho en lo que respecta a Dios. Nos pertenece porque estaba en la expiación.

Nuestra confesión de la Palabra de Dios pide la sanidad que ya es nuestra, aunque no se manifieste en nuestros cuerpos.

No, no estoy enseñando contra los doctores ni contra la medicina. Pero no dependa de los doctores ni de la medicina solamente para mantenerse saludable.

Existen algunas enfermedades que la ciencia médica no puede curar. Pero si necesita un doctor, véalo. Muchas vidas se salvan cada año a través de la ayuda médica. Existen medicinas hoy que son beneficiosas ayudando en el proceso de sanidad del cuerpo.

Si está tomando medicinas, mezcle la fe con ellas diciendo: "Creo que recibo mi sanidad en el nombre de Jesús". Las medicinas del hombre no lo sanarán y casi nunca le impedirán ser sanado. Sin embargo, existen algunas medicinas que tienen tantos efectos secundarios que parecen ser peores que la enfermedad. Así que haga algunas preguntas y descubra lo que está tomando. La mayoría de las medicinas le ayudarán a aminorar los síntomas mientras le aplique los principios divinos con respecto a la sanidad y la salud.

No abogo porque elimine su medicina y confíe solo en la confesión, a menos que el Señor le dirija a hacerlo. Toma tiempo renovar su mente y desarrollar la fe en sus palabras así como en la Palabra de Dios. Pero las cosas que confiesa continuamente al final se convierten en parte de usted. Es verdad que Dios ha provisto sanidad para nosotros a través de su Palabra, pero debemos aprender a apropiarnos de esa sanidad haciendo la Palabra parte de nuestro vocabulario diario.

Creo que al ser enseñado apropiadamente y al practicar su fe, puede crecer hasta un punto en que será común que reciba sanidad a través de la Palabra de Dios. Pero eso no sucede de un día para otro. Requiere tiempo desarrollar su fe, así que si tiene una situación de vida o muerte en la que los doctores dicen que si no se opera de inmediato morirá, en otras palabras: que la enfermedad le gana por una cabeza a su fe, mi consejo es que se opere y crea en Dios por una recuperación rápida. Use algo de sentido común y no haga tonterías con el orgullo espiritual llamándolo fe.

Desarrollar la fe para operar bajo estos principios, requiere tiempo; así que no permita que nadie le condene por ir a los doctores y someterse a una cirugía. En otras palabras, opere en su nivel de fe, pero no se quede ahí para siempre. Continúe en la Palabra de Dios hasta que desarrolle fe en el poder sanador de la Palabra de Dios.

La Palabra de Dios es poder creativo. Los mundos fueron enmarcados por la Palabra de Dios. Confesar la Palabra de Dios también puede cambiar su mundo. Puede cambiar una imagen de enfermedad en una de sanidad y salud.

Operar con estos principios no es fácil. Hace falta disciplina y compromiso. No es suficiente solo leer estas confesiones. Le animo a confesar la Palabra audiblemente sobre su cuerpo dos o tres veces al día. Confiésela con autoridad. No es necesario que haga esas confesiones frente a otras personas, porque las palabras que usted habla son para su beneficio.

MALAS NOTICIAS Y BUENAS NOTICIAS

Es posible que los doctores le digan que no hay esperanza para usted médicamente hablando, pero siempre puede hallar esperanza sobrenatural en la Palabra de Dios.

Pero clamaron a Jehová en su angustia, y los libró de sus aflicciones. Envió su palabra, y los sanó, y los libró de su ruina.

Salmos 107:19, 20

Así será mi palabra que sale de mi boca, no volverá a mí vacía, sino que hará lo que yo quiero, y será prosperada en aquello para que la envié.

Isaías 55:11

Produciré fruto de labios: Paz, paz al que está lejos y al cercano, dijo Jehová; y lo sanaré.

Isaías 57:19

Regrésele la Palabra a Dios

Dios declara que su Palabra no volverá a él vacía. Debemos regresarle su Palabra dándole voz y él creará el fruto de nuestros labios. Confesar la Palabra de Dios es una manera en que usted puede fraternizar con el Señor y aumentar su fe al mismo tiempo. Le reto a que afirme esas confesiones escriturales en forma audible tres veces al día. No permita que se conviertan en proposiciones al azar. Haga una práctica ingerir la medicina de Dios con regularidad, como lo haría con cualquier otra. Entonces será VIDA para usted y SALUD para su carne.

CAPÍTULO 4

La medicina de Dios

Pronuncie lo siguiente con su boca tres veces al día hasta que venga la fe, luego una vez al día para mantener la fe. Si las circunstancias empeoran, duplique la dosis. No existen efectos secundarios.[2]

Jesús es el Señor de mi vida. La enfermedad y la afección no tienen poder sobre mí. Soy perdonado y libre de pecado y culpa. Estoy muerto al pecado y vivo a la justicia (Colosenses 1:21, 22).

Soy LIBRE de la falta de perdón y la contienda. Perdono a otros como Cristo me ha perdonado, porque el amor de Dios se derrama en mi corazón por el Espíritu Santo (Mateo 6:12; Romanos 5:5).

Jesús cargó mis pecados en su cuerpo sobre el madero; por lo tanto estoy muerto al pecado y vivo para Dios, y por sus llagas soy sano y salvo (1 Pedro 2:24; Romanos 6:11; 2 Corintios 5:21).

Jesús cargó mi enfermedad y llevó mi dolor. Por lo tanto no doy lugar a la enfermedad ni al dolor. Porque Dios envió su Palabra y me sanó (Salmos 107:20).

Padre, por causa de tu Palabra soy un vencedor. Venzo al mundo, la carne y al diablo, por la sangre del Cordero y la palabra de mi testimonio (1 Juan 4:4; Apocalipsis 12:11).

Tú me has dado vida abundante. La recibo a través de tu Palabra, y esta fluye a cada órgano de mi cuerpo trayendo sanidad y salud (Juan 10:10; Juan 6:63).

Padre celestial, atiendo a tus Palabras. Inclino mi oído a tus dichos. No permitiré que partan de mis ojos. Los mantengo en medio de mi corazón, porque ellos son vida y sanidad a toda mi carne (Proverbios 4:20-22).

Como Dios estuvo con Moisés, así está conmigo. Mis ojos no son oscurecidos; ni mis fuerzas naturales abatidas. Benditos son mis ojos porque ven y mis oídos porque escuchan (Deuteronomio 34:7).

Ningún mal me acontecerá, ni ninguna plaga se acercará a mi habitación. Porque has dejado a tus ángeles que me cuidan. Ellos me guardan en todos mis caminos. En mi senda hay vida, sanidad y salud (Salmos 91:10, 11; Proverbios 12:28).

Jesús llevó todas mis debilidades y cargó mis enfermedades. Por lo tanto rehusó permitir que la enfermedad domine mi cuerpo. La vida de Dios fluye dentro de mí trayendo sanidad a cada fibra de mi ser (Mateo 8:17; Juan 6:63).

Soy redimido de la maldición. Gálatas 3:13 está fluyendo en mi torrente sanguíneo. Fluye a cada célula de mi cuerpo, restaurando vida y salud (Marcos 11:23; Lucas 17:6).

La vida de 1 Pedro 2:24 es una realidad en mi carne, restaurando cada célula de mi cuerpo.

Presento mi cuerpo a Dios, porque es el templo del Dios viviente. Dios habita en mí y su vida permea mi espíritu, alma y cuerpo para que sea lleno de la plenitud de Dios diariamente (Romanos 12:1, 2; Juan 14:20).

Mi cuerpo es el templo del Espíritu Santo. Ordeno que mi cuerpo libere los químicos correctos. Mi cuerpo está en equilibrio químico perfecto. Mi páncreas segrega la cantidad apropiada de insulina para la vida y la salud (1 Corintios 6:19).

Padre celestial, a través de tu Palabra me has impartido vida. Esa vida restaura mi cuerpo con cada respiro que tomo y cada palabra que hablo (Juan 6:63; Marcos 11:23).

Que lo que Dios no haya plantado sea disuelto y desarraigado de mi cuerpo en el nombre de Jesús. Primera de Pedro 2:24 es injertado en cada fibra de mi ser, y estoy vivo con la vida de Dios (Marcos 11:23; Juan 6:63).

Bultos, tumores y artritis

Jesús cargó la maldición por mí; por lo tanto, prohíbo que los bultos y los tumores habiten mi cuerpo. La vida de Dios dentro de mí disuelve los bultos y los tumores, y mi fortaleza y mi salud son restauradas (Mateo 16:19; Juan 14:13; Marcos 11:23).

Ni los bultos ni los tumores tienen derecho a mi cuerpo. Son cosa del pasado porque soy librado de la autoridad de las tinieblas (Colosenses 1:13, 14).

Cada órgano y tejido de mi cuerpo funciona a la perfección en la que Dios lo creó. Prohíbo cualquier mal funcionamiento en mi cuerpo en el nombre de Jesús (Génesis 1:28, 31).

Padre, tu Palabra ha venido a ser parte de mí. Está fluyendo en mi torrente sanguíneo. Fluye a cada célula de mi cuerpo, restaurando y transformando mi organismo. Tu Palabra se ha convertido en carne, porque la enviaste y me sanaste (Santiago 1:21; Salmos 107:20; Proverbios 13:3).

Tu Palabra se manifiesta en mi cuerpo, haciendo que los bultos desaparezcan. La artritis es cosa del pasado. Ordeno a mis huesos y articulaciones que funcionen apropiadamente en el nombre de Jesús (Marcos 11:23; Mateo 17:20).

Padre celestial, mientras doy voz a tu Palabra, la ley del Espíritu de vida en Cristo Jesús me hace libre de la ley del pecado y la muerte. Y tu vida está energizando cada célula de mi cuerpo (Romanos 8:12).

Artritis, ¡DEBES IRTE! ¡Las enfermedades DEBEN HUIR! Los tumores no pueden existir en mí, porque el Espíritu de Dios está sobre mí y la Palabra de Dios está dentro de mí. Enfermedad temor, y opresión no tienen poder sobre mí, porque la Palabra de Dios es mi confesión (Marcos 11:23).

EL CORAZÓN Y LA SANGRE

Gracias Padre, porque tengo un corazón fuerte. Mi corazón late al ritmo de la vida. Mi sangre fluye a cada célula de mi cuerpo, restaurando la vida y la salud abundantemente (Proverbios 12:14, 14:30).

Mi presión sanguínea es 120 sobre 80. La vida de Dios fluye en mi sangre y limpia mis arterias de todo asunto que no pertenezca a la vida (Marcos 11:23).

Mi latido es normal. Mi corazón late al ritmo de la vida, llevando la vida de Dios a través de mi cuerpo, restaurando la vida y la salud abundantemente (Juan 17:23, Efesios 2:22).

Toda célula que no promueva vida y salud en mi cuerpo es cortada de su fuente de vida. Mi sistema inmunológico no permitirá que los bultos tumorosos vivan en mi cuerpo, en el nombre de Jesús (Lucas 17:6; Marcos 11:23).

Ordeno que mis células sanguíneas destruyan todo germen de enfermedad y virus que trate de habitar mi cuerpo. Ordeno a cada célula de mi cuerpo que sea normal, en el nombre de Jesús (Romanos 5:17; Lucas 17:6).

Tengo un corazón fuerte. Cada latido inunda mi cuerpo con vida y me limpia de enfermedad y dolor (Éxodo 23:25; Marcos 11:23).

Soy redimido de la maldición de la ley y mi corazón late al ritmo de la vida. El Espíritu y la vida de la Palabra de Dios fluyen en mí, limpiando mi sangre de toda enfermedad e impureza (Proverbios 4:20-23).

LAS ARTERIAS Y LAS CÉLULAS

En el nombre de Jesús, mis arterias no se encogerán ni si obstruirán. Arterias, están limpias, flexibles y funcionando como Dios las creó; para que funcionaran bien (Lucas 17:6, Marcos 11:23; Isaías 55:11; Santiago 3:2-5).

La ley del Espíritu de vida en Cristo Jesús me ha hecho libre de la ley del pecado y la muerte; por lo tanto, no permitiré que el pecado, la enfermedad o la muerte se enseñoreen de mí (Romanos 8:2; Romanos 6:13, 14).

El mismo Espíritu que levantó a Jesús de los muertos habita en mí, permeando su vida a través de mis venas, enviando sanidad a través de mi cuerpo (Romanos 8:11).

En el nombre de Jesús prohíbo a mi organismo que sea engañado de cualquier manera. Cuerpo, no serás engañado por ninguna enfermedad, germen o virus. Ni obrarás contra la vida o la salud en manera alguna. Cada célula de mi cuerpo apoya la vida y la salud (Mateo 12:25, 35).

EL SISTEMA INMUNOLÓGICO

Mi sistema inmunológico se fortalece día a día. Hablo vida a mi sistema inmunológico. Prohíbo la confusión a mi sistema inmunológico. El mismo Espíritu que levantó a Cristo de los muertos habita en mí y agiliza mi sistema inmunológico con la vida y la sabiduría divina, la cual guarda la vida y la salud de mi cuerpo.

LOS HUESOS Y LA MÉDULA SANOS

Hablo a los huesos y las articulaciones de mi cuerpo. Los declaro normales en el nombre de Jesús. Mis huesos y mis articulaciones no responderán a cualquier enfermedad, porque la vida espiritual de 1 Pedro 2:24 permea cada hueso y coyuntura de mi organismo con VIDA y SALUD.

Padre, ordeno que mis huesos produzcan médula perfecta. Le ordeno a la médula que produzca sangre pura que me proteja de enfermedad y afección. Mis huesos rehúsan cualquier ofensa de la maldición (Proverbios 16:24).

Ordeno a mis articulaciones que funcionen perfectamente. No habrá dolor ni hinchazón en mis articulaciones. Mis articulaciones rehúsan permitir cualquier cosa que hiera o destruya su funcionamiento normal (Proverbios 17:22).

REFUERCE LA VIDA

Mezcle cuidadosamente con fe y autoridad. Para ingerirse como palabra de la boca con tanta frecuencia como sea necesario a fin de mantener la salud y la vida.

Cuerpo, te hablo la palabra de fe. Ordeno que cada órgano lleve a cabo un trabajo perfecto, porque eres templo del Espíritu Santo; por lo tanto, te encargo en el nombre del Señor Jesucristo y por la autoridad de su Santa Palabra que seas sanado y hecho salvo en el nombre de Jesús (Proverbios 12:18).

Padre, resisto al enemigo en toda forma en que venga contra mí, pido que mi cuerpo sea fuerte y saludable, y lo refuerzo con tu Palabra. Rechazo la maldición y refuerzo la vida en este cuerpo (Santiago 4:7).

Por lo tanto, no moriré sino que viviré y declararé las obras de Dios (Salmos 118:17).

Tú has perdonado todas mis iniquidades; has sanado todas mis enfermedades; has redimido mi vida de la destrucción; has saciado mi boca con cosas buenas para que mi juventud se renueve como la de las águilas (Salmos 103:2-5).

Señor, has bendecido mi comida y mi agua y has alejado la enfermedad de mí. Por lo tanto, cumpliré el número de mis días con salud y seré arrebatado para encontrar al Señor en el aire, para estar siempre con él (Éxodo 23:25, 26; 1 Tesalonicenses 4:13-18).

CAPÍTULO 5

Entienda el principio

Ahora que ha pasado por las confesiones espirituales, miremos el principio que podría ser la clave para que sea partícipe de las provisiones de Dios con respecto a su sanidad.

Es probable que no exista otro asunto tan importante para su sanidad y su salud que el principio de LLAMAR LAS COSAS QUE NO SON.[3]

Vemos en Romanos 4:17-22 que Abraham llegó a estar completamente persuadido de que Dios haría lo que había prometido. La manera en que llegó a ese convencimiento fue porque llamó aquellas cosas que no eran manifiestas como si lo fuesen.

Sobre esto recogemos en el versículo 17:

(Como está escrito: Te he puesto por padre de muchas gentes) delante de Dios, a quien creyó, el cual da vida a los muertos, y llama las cosas que no son, como si fuesen.

Romanos 4:17

Aquí Pablo se refiere a Génesis capítulo 17. Usted observará que Dios llamó a Abram el padre de naciones antes de que tuviera al hijo prometido, y él enseñó a Abram a hacer lo mismo.

Dios cambió el nombre de Abram a Abraham, que significa "padre de naciones, o multitudes". Este fue el medio que utilizó para convencer a Abraham de que pidiera lo que todavía no tenía en realidad. Dios lo estableció por la promesa, pero Abram tenía que llamarlo a la realidad mezclando la fe con la Palabra de Dios.

Cada vez que decía: "Yo soy Abraham", estaba llamando las cosas que no eran manifiestas todavía. Abraham no negó que estaba viejo. No anduvo diciendo: "No estoy viejo", porque estaba viejo. Por el contrario, decía: "Yo soy Abraham" (padre de naciones). Ese fue el método de Dios para ayudarlo a cambiar su imagen y eso hizo que estuviera completamente persuadido.

Pablo también arroja luz a este principio en 1 Corintios 1:27-28:

Sino que lo necio del mundo escogió Dios, para avergonzar a los sabios; y lo débil del mundo escogió Dios, para avergonzar a lo fuerte; y lo vil del mundo y lo menospreciado escogió Dios, y lo que no es, para deshacer lo que es.

En otras palabras, Dios usa fuerzas espirituales que no se ven para anular las cosas naturales que se ven. Este es

el principio bíblico de llamar las cosas que no son como si fuesen.

Luego en 2 Corintios 4:13, Pablo dice:

Pero teniendo el mismo espíritu de fe, conforme a lo que está escrito: Creí, por lo cual hablé, nosotros también creemos, por lo cual también hablamos.

Pablo cita a David cuando dijo: "Creí, por lo cual hablé…" En Salmos 118:17, David declaró: "No moriré, sino que viviré, y contaré las obras de Jehová".

En lo que respecta a la sanidad divina, esto es un principio vital. Deberíamos declararnos lo que la Palabra de Dios revela acerca de nosotros, sin importar las circunstancias o cómo nos sintamos acerca de ellas.

En Romanos 10:6-8 Pablo afirma: "Pero la justicia que es por la fe dice así … cerca de ti está la palabra, en tu boca y en tu corazón".

Observe, la Palabra *está primero en su boca* y (luego) en su corazón. La Palabra de Dios viene a ser injertada dentro de su corazón a medida que usted la habla. No hay nada más importante para su fe que declarar lo que Dios ha dicho acerca de usted con su propia voz. Darle voz a la Palabra de Dios es un método para pedir las cosas que Dios ha dado mediante la promesa y que no son manifiestas todavía.

Cuando usted haga esto, algunos dirán que está negando lo que existe, pero eso no es cierto en absoluto.

Usted está estableciendo lo que Dios ya dijo que es cierto con respecto a la sanidad, aun cuando todavía no sea una realidad en su cuerpo. Usted no niega que la enfermedad exista, *pero niega su derecho a existir en su cuerpo*, porque ha sido redimido de la maldición de la ley y librado de la autoridad de las tinieblas (Gálatas 3:13; Colosenses 1:13).

Dios también le ha dado todas las cosas que pertenecen a la vida y a la piedad. Estas cosas le pertenecen a usted (2 Pedro 1:3, 4). Cuando está enfermo y confiesa que es sanado por las llagas de Jesús, *usted está pidiendo lo que Dios ya le ha dado, aun cuando no sea manifiesto.*

Este es el método de Dios para llamar las cosas que no son como si fuesen hasta que lo sean. Hay algunos que han malinterpretado este principio y piden *cosas que son, como si no fuesen.* En otras palabras, niegan lo que existe. Pero no hay poder en negar que la enfermedad existe. El poder está en pedir sanidad y salud mezclando la fe con la Palabra de Dios.

Si está enfermo, usted no niega que está enfermo; sin embargo, por otra parte, no quiere estar confesando siempre su enfermedad, porque eso la establecerá en sus circunstancias presentes. Negar la enfermedad no le mejorará. Pero al mezclar la fe con la Palabra de Dios, usted está pidiendo que la promesa de Dios se manifieste en su cuerpo. Esto hará que esté completamente convencido y obtenga la sanidad como resultado.

Hay algunas personas que dirán que usted está mintiendo si confiesa que está sano cuando está enfermo.

No, usted está simplemente pidiendo la sanidad que Dios ya ha provisto, aun cuando no se haya manifestado en su cuerpo. Lo que usted hace en realidad es practicar la medicina de Dios.

Usted no está tratando de convencer a nadie de que no está enfermo, sino que simplemente está proclamando lo que Dios ha dicho en su Palabra que es un hecho, pese a su condición presente. La Palabra dice: "Por cuya herida *fuisteis sanados*" (1 Pedro 2:24, énfasis del autor). Observe que es tiempo pasado en lo que respecta a Dios, pero aún no es manifiesto en su cuerpo.

Usted está llamando bien a su cuerpo según Lucas 17:5-6 y Marcos 11:23. Su cuerpo le está escuchando, y le obedecerá si cree y no duda en su corazón. Sus palabras tienen más efecto sobre su cuerpo que las palabras de cualquier otro.

Su cuerpo fue creado con la habilidad de sanarse a sí mismo, y si cada parte funciona apropiadamente, lo hará. Alguna enfermedad es causada por un desequilibrio químico en el cuerpo, y la parte del cerebro que controla el habla también controla la secreción de químicos al cuerpo. Esto arroja algo más de luz sobre lo que Jesús dijo en Marcos 11:23: "... lo que diga le será hecho".

LLAME LO QUE USTED QUIERA

El único error que tantos cristianos cometen es que llaman las cosas que son, de la manera que son. Con eso están estableciendo la condición o circunstancia presente en su corazón, en su mente y también en su cuerpo.

Leí un artículo hace muchos años acerca de una dama que tuvo fiebre continuamente durante varios meses. Los doctores no pudieron hallar nada malo físicamente hablando. Ellos le preguntaban minuciosamente y descubrieron que cuando ella se molestaba por cualquier cosa, siempre decía: "Simplemente me quema". Ella utilizaba esa frase varias veces al día. Ellos no estaban seguros de que eso tuviera algo que ver con su condición o no, pero le pidieron que no utilizara más esa frase. En unas semanas, su temperatura corporal era normal.

¿Cuántas veces ha dicho: "Cada vez que como eso, me enfermo" o "Mi espalda me está matando" o "Esos niños me ponen tan nerviosa" o "Estoy agarrando una gripe"? Sus propias palabras le están dando instrucciones a su cuerpo, y su sistema inmunológico finalmente responderá a sus instrucciones.

Pero el método de Dios es pedir cosas positivas, aun cuando no sean todavía una realidad en su cuerpo. Llámelas *hasta que se manifiesten*. Usted tiene el derecho que le dio Dios de ejercer autoridad sobre su cuerpo. En Romanos 8:13, Pablo nos dice: "Porque si vivís conforme a la carne, moriréis; mas si por el espíritu hacéis morir las obras de la carne, viviréis". Su carne quiere decirlo de la manera que es, pero su espíritu, si se entrena apropiadamente, quiere decirlo de la manera que Dios lo dice en su Palabra.

Su cuerpo responderá a las órdenes del espíritu humano.

Si alimenta al espíritu humano con la Palabra de Dios, esta le dará órdenes a la carne para que se ajuste a la Palabra de Dios.

Cuando usted se ejercita, demanda más energía de su cuerpo. El corazón late más aprisa, más fluido sanguíneo trae más oxígeno a las células del cuerpo, y su cuerpo responde a sus requerimientos de manera natural. Pero *usted* debe darle la orden *antes* de que él responda. Hasta su perro o su gato responderá a la orden de su voz. *¿Cuánto más responderá su cuerpo a las demandas hechas a él por la Palabra de Dios hablada por su boca?* La verdad es que su cuerpo siempre responde a sus palabras de alguna manera, para bien o para mal. Así que elija sus palabras con cuidado.

Hace varios años, apareció un artículo en el *Times* de Shreveport, Louisiana, escrito por un neurocirujano. El título era "Háblele a su cuerpo". Él estaba utilizando un método que llamaba ejercicio mental, el cual implica literalmente decirle a su cuerpo qué hacer.

Ofrecía ejemplos tales como un diabético que instruye a su páncreas para que segregue insulina o una persona con hipertensión que dice, varias veces al día: "Mi presión sanguínea es 120 sobre 80".

Él decía: "No hay diferencia si el paciente sabe o no dónde está el páncreas o lo que significa 120 sobre 80. El cuerpo lo sabe".

Hay más verdad en Marcos 11:23 que lo que la mayoría de la gente se da cuenta. Usted puede tener lo que dice en fe, pero la mayoría de la gente está diciendo lo que tiene.

Dios creó el cuerpo del hombre para que viviera para siempre, pero el pecado trajo la maldición de la enfermedad y la muerte. El cuerpo humano tiene la habilidad inherente para sanarse, pero por causa del desequilibrio químico y del funcionamiento impropio de ciertos órganos, algunas medicinas y químicos ayudarán al cuerpo en el proceso sanador. Pero la Palabra de Dios es la medicina original y más poderosa disponible hoy.

Fue su Palabra la que creó el cuerpo humano. Es la medicina original enviada con el propósito específico de sanar (Salmos 107:20).

La ciencia médica está encontrando que el principio de Marcos 11:23 realmente da resultados hasta para traer salud a nuestros cuerpos físicos.

Las palabras de Jesús en Lucas 17:6 resuenan claras:

Si tuvierais fe como si tuviereis fe como un grano de mostaza, podríais decir a este sicómoro: Desarráigate, y plántate en el mar; y os obedecería.

El *Nuevo Testamento Interlineal*[4] dice: "Te obedecería". Jesús no está hablando de árboles literales aquí, sino de los problemas que usted enfrenta en la vida. Sea que esté pidiendo que su presión sanguínea sea de 120 sobre 80 o confesando que su páncreas segregue la cantidad apropiada de insulina, siempre hay alguien que quiere acusarlo de mentir, porque no entiende estos principios de fe. Así que, no es necesario hacer sus confesiones ante otros, hágalas para sí mismo en su propio tiempo de oración mientras fraterniza con el Señor.

Recuerde, cuando esté enfermo, proclámese saludable, porque usted está llamando lo que no tiene. Si pone esto en práctica y lo hace una forma de vida, entonces su cuerpo responderá a sus órdenes de fe basadas en la autoridad de la Santa Palabra de Dios.

No, no sucederá solo porque usted lo diga, pero decirlo implica hacer que suceda. Decirlo es la manera en que usted planta la semilla para lo que necesita. La Palabra de Dios hablada imparte vida espiritual a su cuerpo físico (Juan 6:63), porque su Palabra es semilla incorruptible, y produce según su tipo.

Le desafío a apartar tiempo solo, diariamente, para fraternizar con Dios. Haga una práctica el meditar su Palabra hablándola a su cuerpo. Hágalo dos o tres veces al día, luego duplique sus confesiones en el área en que tenga más problemas. Ore la Palabra sobre su cuerpo. Declare que es verdad hasta que esté completamente convencido. Su cuerpo responderá a su voz; cuánto más responderá a la Palabra de Dios hablada en *fe*.

EL PODER CREATIVO DE DIOS PARA LAS FINANZAS

Por
CHARLES CAPPS Y ANNETE CAPPS

Introducción

El propósito de este libro, como en los anteriores —*El poder creativo de Dios le dará resultados* y *El poder creativo de Dios para la sanidad*—, es revelar los principios de la Palabra de Dios para que pueda cooperar y aplicarlos a su vida diaria.

La Palabra de Dios no es simplemente un libro de historietas, ni de historia, ni religioso. La Palabra de Dios es poder creativo. Ese poder todavía está en la Palabra, pero para que le dé resultados debe ser liberado al ser hablado en fe. Por desdicha, la mayoría de las personas están hablando palabras de temor y fracaso; hablan con frecuencia de la economía deprimida, de la falta de empleos y de la carencia en las finanzas. Están diciendo lo que tienen y teniendo lo que dicen.

Le reto a cambiar lo que está hablando y a utilizar sus palabras para traer la provisión de Dios a su vida. Al hablar y confesar estas Escrituras a diario, la fe será creada en su corazón y comenzará a ver que el poder creativo de Dios cambia las circunstancias de su vida.

Capítulo 1

Dios quiere involucrarse en sus finanzas

A lo largo de la Biblia vemos que Dios tiene mucho que decir acerca de las finanzas. La moneda del Antiguo Testamento era la plata, el oro, las tierras, las cosechas y los rebaños. Las inversiones eran graneros llenos con heno y almacenes llenos con granos para la siembra y la alimentación de los rebaños.

> Y Abram era riquísimo en ganado, en plata y en oro.
>
> Génesis 13:2

Esta era la forma de moneda utilizada en ese tiempo. Hoy en día utilizamos papel moneda, tarjetas de crédito y la banca electrónica, pero los resultados son los mismos, lo cambiamos por lo que queremos o necesitamos.

Abraham escuchó a Dios, y Dios lo bendijo y lo prosperó. Él aprendió los principios espirituales de la prosperidad de primera mano. Dios quería involucrarse en las finanzas de Abraham como quiere hacerlo con las suyas. Demos un vistazo a algunos de los principios fundamentales de la prosperidad de Abraham:

Él escuchaba y obedecía a Dios.

Génesis 12:1-4

Él honraba a Dios, que lo prosperaba.

Génesis 12:7

Él era generoso y evitaba la contienda.

Génesis 13:5-9

Él era compasivo con los demás.

Génesis 18:24-33

Si quiere que Dios se involucre en sus finanzas y lo prospere, debe honrar estos principios básicos. Usted no puede ser avaro y prosperar realmente. No hay nada malo con querer tener abundancia para sí mismo y su familia, pero darle a Dios y ser generoso con otros es parte de la ley espiritual.

Hay quienes reparten, y les es añadido más; y hay quienes retienen más de lo que es justo, pero vienen a pobreza. El alma generosa será prosperada; y el que saciare, él también será saciado.

Proverbios 11:24, 25

Salomón entendió los principios de la prosperidad. ¡Él fue uno de los hombres más ricos que ha vivido! Sus proverbios revelan muchas verdades con respecto a las finanzas.

Honra a Jehová con tus bienes, y con las primicias de todos tus frutos; y serán llenos tus graneros con abundancia y tus lagares rebosarán de mosto.

Proverbios 3:9, 10

Cuando los impíos son levantados se esconde el hombre; mas cuando perecen, los justos se multiplican.

Proverbios 28:28

En 1 Reyes capítulo 3, el Señor se le aparece a Salomón y le dice: "Pide lo que quieras que yo te dé" (v. 5). ¡Ese sería un planteamiento peligroso para algunas personas! Pero Salomón solo pidió un corazón comprensivo para ayudar al pueblo. La respuesta de Dios fue darle sabiduría, puesto que no fue avaro para sí: "Y aun también te he dado las cosas que no pediste, riquezas y gloria, de tal manera que entre los reyes ninguno haya como tú en todos tus días" (1 Reyes 3:13).

¡Dios quiere que sus necesidades sean satisfechas abundantemente! Pero para tener verdaderas riquezas, el deseo de su corazón debe ser bendecir a otros y establecer el pacto de Dios.

Y digas en tu corazón: Mi poder y la fuerza de mi mano me han traído esta riqueza. Sino acuérdate de Jehová tu Dios, porque él te da el poder para hacer las riquezas, a fin de confirmar su pacto que juró a tus padres, como en este día.

Deuteronomio 8:17, 18

Desde el libro de Génesis hasta las palabras de Jesús y los escritos de Pablo, vemos pruebas de que Dios en verdad quiere involucrarse en nuestras finanzas.

Y si la hierba del campo que hoy es, y mañana se echa al horno Dios la viste así, ¿no hará mucho más a vosotros hombres de poca fe? Mas buscad primeramente el reino de Dios y su justicia, y todas estas cosas os serán añadidas.

Mateo 6:30, 33

Amado, yo deseo que tú seas prosperado en todas las cosas, y que tengas salud, así como prospera tu alma.

3 Juan 2

Si enseñamos a nuestra alma a prosperar y alinearse con los principios de Dios, veremos la prosperidad financiera manifestarse en nuestras vidas.

Quiero compartir con usted algunas de las cosas que he aprendido en mi vida acerca de la prosperidad y las finanzas.

MI PROPIA BATALLA DE FE

Hace varios años invertí un monto bastante grande en una aventura de negocio conjunto. Yo había puesto un vellón (Jueces 6:37-40) ante el Señor acerca de ese acuerdo de negocios. Bien, todos los vellones resultaron tal como los pedí. Pero en realidad quedé esquilado. Como ve, Pablo dijo en 2 Corintios 4:4: "En los cuales el dios de este siglo cegó el entendimiento de los incrédulos, para que no les resplandezca la luz del evangelio de la gloria de Cristo, el cual es la imagen de Dios". Pablo dijo que Satanás es el dios de este mundo físico y que conocía las señales que yo había colocado.

Ahora bien, he descubierto una mejor manera de hallar la voluntad de Dios. "Pero cuando venga el espíritu de verdad, él os guiará a toda la verdad; porque no hablará por su propia cuenta, sino que hablará todo lo que oyere, y os hará saber las cosas que habrán de venir" (Juan 16:13).

Yo había vendido una pequeña granja e invertido el dinero en ese negocio. Perdí casi toda la inversión original, más 25.000 dólares.

En medio de la confusión que el enemigo creó, perdí la fe y me volví pesimista con la vida. Pensé que Dios me había hecho eso. Fue lo que Satanás había puesto en mi mente. Después de varios meses, me di cuenta de que los pensamientos negativos no concordaban con la Palabra de Dios. Entonces el enemigo trató de convencerme de que yo le había fallado a Dios, que este estaba enojado conmigo y que esa era la razón por la que perdí el dinero.

Sé que esta historia les suena familiar a muchos porque es una de las mentiras favoritas de Satanás, que él utiliza para traer condenación y confusión al pueblo de Dios.

MIS CONFESIONES IMPERABAN

En ese confuso estado mental, me embargó el pesimismo. Comencé a decir: "No importa lo que haga, no dará resultados".

Estaba cultivando trescientas hectáreas de tierra en ese tiempo y dediqué mi atención a la operación de la granja. Sabía que podía trabajarla bien porque siempre había tenido éxito en ello.

Pero después que me embargó el pesimismo, sembré algodón y dije: "Bueno, no importa cuán profundo lo siembre, probablemente lloverá suficiente y no saldrá de todas maneras".

Así que llovió y el algodón no salía.

Sembré otra vez, esta vez superficialmente, cerca de dos centímetros de profundidad y les dije a todos los que veía: "Ahora vendrá la sequía y no lloverá por tres semanas".

Sucedió tal como lo había dicho.

Sembré la tercera vez ese año, hice más declaraciones negativas. Mientras más problemas surgían, más negativo me volvía (ese es el ciclo de Satanás). La tercera siembra produjo casi dos tercios de la cosecha de algodón. Aún puedo escuchar mis palabras: "Ahora probablemente vendrá una helada temprana y lo matará antes de que abra".

Y sucedió.

Durante dos años completos confesé lo mismo y obtuve justo lo que decía. Cultivé trescientas hectáreas aquellos dos años y no hice suficiente dinero para comprar lo más mínimo. Las labores de cultivo que una vez me dieron resultado no funcionaron. El mismo suelo que una vez produjo abundantemente ahora se rehusaba a responder.

Todavía estaba dudando. Pero aún creía en Lucas 6:38: "Dad y se os dará; medida buena, apretada, remecida y rebosando darán en nuestro regazo; porque con la misma medida con que medís, os volverán a medir". Sin embargo, eso no me estaba dando resultados. Así que oré, me arrepentí y rogué a Dios que me prosperara, pero nada dio resultado. Seguía con mi pesimismo. Mi confesión destruía mi oración. Veía fracaso dondequiera que mirara. Lo creía y lo confesaba a diario. Era un fracaso absoluto. Estaba al borde de la quiebra financieramente. Acababa de pedir prestado 100.000 dólares para pagar mis cuentas. Y era tan pobre que hasta la concentración me escaseaba. Iba a la iglesia, pero no podía aprovechar nada de los cultos porque estaba preocupado por mis finanzas.

Entonces, un hombre bautista vino a mi casa un día. Tenía algunos libros consigo. Recuerdo hojear uno de ellos y leer unos párrafos. El título era *El pensar bien y mal*, por Kenneth Hagin. Era diferente a cualquier otro que hubiera leído alguna vez. Cada párrafo decía algo concreto e iba directo al grano. Recuerdo hasta hoy una de las primeras declaraciones que leí: "La gente que piensa erradamente cree erradamente, y cuando cree erradamente, actúa de forma errada".[5] Eso explotó dentro de mí como una bomba. Fue como si alguien encendiera una luz en mi interior. "La exposición de tus palabras alumbra; hace entender a los simples" (Salmos 119:130). Supe instantáneamente que eso era verdad.

Acto seguido, compré ese libro y otro sobre las confesiones. Comencé a escudriñar la Palabra de Dios para ver qué me estaba perdiendo. Nunca había escuchado a nadie predicar sobre Marcos 11:23, 24, que dice: "Porque de cierto os digo que cualquiera que dijere a este monte: Quítate y échate en el mar, y no dudare en su corazón, sino creyere que será hecho lo que dice, lo que diga le será hecho. Por tanto, os digo que todo lo que pidieres orando, creed que lo recibiréis, y os vendrá".

Estoy seguro de que lo había leído, pero no significaba nada para mí. No tenía que ver nada conmigo. No tenía idea de que uno pudiera tener lo que dice. Pero a medida que comencé a estudiar en oración lo que Jesús dijo acerca de las palabras, la boca y la oración, Dios comenzó a revelarme estas cosas.

Recuerdo una mañana que estaba orando y dije:

—Padre, he orado y esto no está dando resultados.

Entonces me habló a mi espíritu claramente:

—¿Qué estás haciendo?

—Estoy orando —dije.

—No, no lo estás haciendo —dijo—. Te estás quejando.

Entonces dijo:

—¿Quién te dijo que no está dando resultados?

Eso me estremeció. Pensé por un minuto y luego respondí:

—Bueno, me imagino que el diablo.

Entonces habló a mi espíritu algunas cosas que transformaron totalmente mi vida. Me dijo:

—Agradecería que dejaras de decirme lo que el diablo dijo. Has estado orándome que te prospere y aparte al diablo de ti. Yo no soy el que está causando tus problemas. Estás bajo un ataque del maligno y no puedo hacer nada al respecto. Me has atado por las palabras de tu propia boca. Y esto no va a mejorar hasta que cambies tus confesiones y comiences a conformarte a mi Palabra. Estás operando bajo temor e incredulidad. Has establecido las palabras del maligno en tu nombre. Has liberado la habilidad del enemigo con tu propia boca. Si fuere a hacer algo al respecto, tendría que violar mi Palabra, y no puedo hacer eso.

Yo había obtenido tanto de su Palabra en mí que él podía hablarme inteligentemente acerca del problema. Hasta entonces, no podía hablarme, porque yo había echado fuera su Palabra y citaba al enemigo. En los próximos meses, Dios habló muchas cosas a mi espíritu que cambiaron totalmente mi manera de pensar.

Él dijo: "Estoy a tu favor; quiero que prosperes, pero deseo que lo hagas de una manera que obre un valor eterno en ti, al utilizar tu fe y actuar con la Palabra. El poder de atar y desatar no está en el cielo. Está sobre la tierra, y si tú no lo usas, nada será hecho". Luego me dijo esto: "Estudia y busca en mi Palabra las promesas que te pertenecen como creyente. Haz una lista de ellas y confiésalas a diario en voz alta. Ellas edificarán tu espíritu por un período de tiempo. Entonces, cuando estas verdades se establezcan en tu espíritu, ellas vendrán a ser verdad en ti".

USTED PUEDE TENER LO QUE DICE

La mayoría de los cristianos que están derrotados en sus finanzas es porque creen y confiesan las cosas equivocadas. Han hablado las palabras del enemigo, las cuales los mantienen atados. Jesús dijo en Mateo 17:20: "Por vuestra poca fe; porque de cierto os digo, que si tuviereis fe como un grano de mostaza, diréis a este monte: Pásate de aquí a allá, y se pasará; y nada os será imposible".

Y en Marcos 11:23 afirmó: "Porque de cierto os digo que cualquiera que dijere a este monte: Quítate y échate en el mar, y no dudare en su corazón, sino creyere que será hecho lo que dice, lo que diga le será hecho".

En estos pasajes de la Escritura, Jesús nos dice que lo que creemos y hablamos afecta al mundo natural, incluidas nuestras finanzas. Dios nos ha dado su Palabra para que podamos entender las leyes espirituales que gobiernan el universo. Hay leyes espirituales tal como las naturales, como la de la gravedad. Cuando usted actúa con esas leyes, ellas le dan resultado. Cuando obra en contra de las leyes espirituales de Dios, ellas actúan contra usted.

Cuando habla negativamente acerca de su situación financiera, usted tiene lo que dice y cree.

He aquí una ley espiritual muy importante: Usted puede tener lo que dice.

Con sus palabras puede elegir vida o muerte, pobreza o riqueza, enfermedad o salud. Usted puede diezmar (dar el diez por ciento a la iglesia), trabajar duro y orar por prosperidad todos los días, pero si sus palabras son negativas y contrarias a la Palabra de Dios, puede quedar atascado en las deudas y tratando de equilibrar su vida.

Las palabras son poderosas, pero la Palabra de Dios está llena de poder creativo. Cuando concuerde con lo que Dios ha dicho acerca de usted y hable su Palabra, sus circunstancias comenzarán a cambiar y a conformarse a la voluntad de él para su vida.

La voluntad de Dios es
QUE USTED PROSPERE

Amado, yo deseo que tú seas prosperado en todas las cosas, y que tengas salud, así como prospera tu alma.

3 Juan 2

Si tiene alguna duda de que Dios quiere que prospere, usted no será capaz de liberar fe para sus finanzas. Cualquier cosa que crea y hable controlará su situación financiera. Comience confesando lo que la Palabra de Dios afirma acerca de sus finanzas:

La voluntad de Dios es que yo prospere y esté en salud así como prospera mi alma (3 Juan 2).

El Señor se complace en la prosperidad de su siervo, y las bendiciones de Abraham son mías (Gálatas 3:14; Salmos 35:7).

A medida que confiese lo que Dios declara acerca de usted, esto lo cambia a usted y a sus circunstancias. Si tiene alguna duda acerca de la voluntad divina para su prosperidad, lea Deuteronomio capítulo 28. Dios les dijo a Moisés y a los hijos de Israel que la bendición y la maldición estaban frente a ellos. Si escogían escuchar diligentemente la voz del Señor y cumplían sus mandamientos, entonces serían bendecidos en todo aspecto (v. 1). Todo lo que tocaran prosperaría.

Si optaban por no escuchar la voz del Señor, serían maldecidos con pobreza, enfermedad y muerte espiritual (v. 15).

La pobreza es una maldición tal como seguramente la enfermedad y la muerte espiritual. ¡Pero Cristo nos ha redimido de la maldición de la ley!

Cristo nos redimió de la maldición de la ley, hecho por nosotros maldición (porque está escrito: Maldito todo el que es colgado en un madero), para que en Cristo Jesús la bendición de Abraham alcanzase a los gentiles, a fin de que por la fe recibiésemos la promesa del Espíritu.

Gálatas 3:13, 14

Una de las maldiciones de Deuteronomio 28 fue la de la pobreza y la destrucción financiera. ¡Fuimos redimidos de la destrucción financiera! Declare su redención financiera. ¡Dios ya lo hizo!

La bendición de Abraham incluía la prosperidad financiera. Él se convirtió en un hombre muy rico. ¡A través de Jesús, las bendiciones de Abraham han venido sobre nosotros mientras recibimos la promesa a través de la fe en la Palabra de Dios!

Demasiados cristianos piensan que la prosperidad es una maldición. Pero no es cierto, han sido engañados. Hablé con una dama cristiana que destacó lo siguiente en la conversación: "Simplemente soy pobre y no puedo pagar las cosas que otras personas pueden comprar". Eso podía haber sido una declaración verdadera de su estado financiero actual, pero lo que me asombró es que lo decía con orgullo y un sentido de rectitud. Era obvio que pensaba que era una mejor cristiana porque era pobre.

La Palabra de Dios establece que la pobreza es una maldición. Solo mire la intención real de Dios:

Sino acuérdate de Jehová tu Dios, porque él te da el poder para hacer las riquezas, a fin de confirmar su pacto que juró a tus padres, como en este día.

Deuteronomio 8:18

Si puede convencerse de que la pobreza es una bendición, entonces Dios no será capaz de establecer su pacto a través de usted. Si vive en pobreza y escasez financiera, estas palabras no son un juicio contra usted. Puede que sea pobre, ¡pero no esté orgulloso de eso! Para salir de la pobreza, usted tiene que soltarla así como cualquier ventaja que piense que eso le otorga.

CAMBIE LO QUE DICE

No deje que sus palabras de calamidad y fracaso destruyan su vida. Vigile su boca y detenga esas palabras llenas de duda, negativas. Ellas no concuerdan con Dios.

Cuando las cosas lucen mal, es mejor mantener su boca cerrada que andar "hablando pobreza", diciéndole a todo el mundo sus infortunios financieros. ¡Cavará para usted un hueco tan profundo que nunca podría salir de él! Pero si se toma el tiempo de programar su corazón diciendo lo que Dios afirma de usted, puede tener victoria sobre la derrota financiera aparente.

> Respondiendo Jesús, les dijo: De cierto os digo, que si tuvieres fe, y no dudareis, no solo haréis esto de la higuera, sino que si a este monte dijereis: Quítate y échate en el mar, será hecho.
>
> Mateo 21:21

… sino creyere que será hecho lo que dice, lo que diga le será hecho.

Marcos 11:23

Piénselo: ¿Realmente quiere que todo lo que usted diga suceda? Esta es una ley espiritual. Si habla la Palabra de Dios según él, hasta que crea sin dudar en su corazón entonces, dijo Jesús, usted tendrá lo que dice.

Saque estos dichos populares de su vocabulario:

"El dinero no crece en los árboles".

"No puedo pagar…"

"Tengo un ingreso fijo".

Declaraciones como esas le atan a creer en la escasez y mantienen sus finanzas atadas.

PLANTE SEMILLAS PARA SU PROSPERIDAD

Cuando usted habla la Palabra de Dios sobre sus finanzas, planta semillas que crecerán y producirán abundantemente a su favor. En Marcos capítulo 4, Jesús nos da la parábola del sembrador. En el versículo 14, nos dice inmediatamente lo que está siendo sembrado:

El sembrador sembró la Palabra.

Si usted siembra la semilla de la Palabra de Dios en la buena tierra de su corazón hablándola, ella producirá en su vida.

> Y estos son los que fueron sembrados en buena tierra: los que oyen la palabra y la reciben, y dan fruto a treinta, a sesenta, y a ciento por uno.
>
> Marcos 4:20

Cualquier cosa que siembre, eso cosechará. Esta, también, es una ley espiritual. Cuando siembra palabras de duda y temor sobre sus finanzas, obtendrá exactamente lo que teme: ¡Carencia! ¡No permita que sus palabras le derroten! La vida y la muerte están en poder de su lengua. Plante una siembra de lo que quiere, no de lo que no desea.

Jesús dijo en Lucas 6:38:

> "Dad y se os dará; medida buena, apretada, remecida y rebosando darán en nuestro regazo".

Para cosechar bendición financiera, siembre sus semillas dando. Siembre en fe para las finanzas que necesita. Hace falta una semilla para producir una cosecha. Una semilla puede ser cualquier cosa que usted tenga. Si solo tiene un dólar, entonces siembre esa semilla. Podría dar una cosecha de cientos. Si no tiene un dólar, entonces entregue algo que posea. Delo con la intención de ayudar a alguien en necesidad, así como de sembrar una semilla para su prosperidad financiera.

Malaquías 3:10 dice:

> "Traed todos los diezmos al alfolí y haya alimento en mi casa; y probadme ahora en esto, dice Jehová de los ejércitos, si no os abriré las ventanas de los cielos, y derramaré sobre vosotros bendición hasta que sobreabunde".

Sus diezmos y sus ofrendas crean una relación financiera con Dios y su Palabra, la cual hace las posibilidades ilimitadas. Jesús dijo:

> "Al que cree todo le es posible".
>
> Marcos 9:23

HÁBLELE A SU MONTAÑA

Hace algunos años, comencé un proyecto inmobiliario al norte del pueblo de England, Arkansas. Había pedido dinero prestado para instalar el agua, las cloacas y las calles, por lo que tenía una montaña de deudas. Jesús dijo que habláramos a la montaña y esta sería quitada. Saqué todas las hipotecas y las coloqué en la mesa de la cocina. Llamé a mi hija Annette y dije: "Quiero que seas testigo de que voy a hacer lo que Jesús dijo que se hiciera". Declaré: "Notas, escúchenme, les hablo a ustedes. Jesús dijo que me obedecerían. En el nombre del Señor Jesucristo, les ordeno, les digo: SEAN PAGADAS TOTALMENTE… DESMATERIALÍCENSE… SALGAN… VÁYANSE… EN EL NOMBRE DE JESÚS, ¡ME OBEDECERÁN!".

Di la vuelta, salí caminando y dejé a mi hija parada allí. Ella me había visto haciendo algunas cosas extrañas antes. Alguien preguntó: "¿No te sentiste un poco tonto haciendo eso?". No, dije. ¡Me sentí muy tonto! Pero los sentimientos no tienen nada que ver con eso. Jesús enseñó acerca de hablar a la montaña, de hablar al árbol sicómoro y que le obedecerían. Muchas personas tratan de espiritualizar la Palabra de Dios, pero es muy práctica. Yo tenía dos casas en ese proyecto que construí para vender. Había orado y pedido a Dios que enviara un comprador, pero no se habían vendido. Un día, mientras conducía hacia allá, pregunté: "Señor, ¿por qué no he vendido las casas?". Él habló a mi espíritu: "Porque no hiciste lo que te dije que hicieras. Haz lo que has estado enseñando a otras personas". Bajé de mi camioneta y dije: "Casas, ahora escúchenme. Les estoy hablando. Alguien está impresionado con ustedes y serán de bendición para esa persona. ¡Las proclamo vendidas en el nombre de Jesús!".

Las casas no se vendieron de la noche a la mañana, por lo que mi mente carnal decía: "¿Qué vas a hacer ahora?". Entonces me dije: "Sé lo que voy a hacer. Liberaré mi fe mediante la risa". Conduje hasta una casa, abrí una ventana, miré a ambos lados de la calle, y dije: "Ja, ja, ja". Conduje hasta la otra y dije: "Ja, ja, ja". Subí la ventana y regresé a mi hogar.

Usted tiene que aprender a reírse de sus problemas. Las lágrimas de autocompasión y pena nunca liberan la fe. Simplemente hice lo que el Espíritu de Dios me dijo que hiciera.

En los próximos meses, no solo se vendieron las casas, sino que vendí todo el proyecto y toda el terreno contiguo que no estaba desarrollado. ¡Las notificaciones e hipotecas fueron canceladas totalmente!

TOME AUTORIDAD SOBRE SUS FINANZAS

Si tiene deudas, entonces puede ejercer su autoridad como hijo de Dios y proclamarlas pagadas. Jesús dijo: "Si tuvieras fe (confianza en Dios) aun (tan poca) como un grano de semilla de mostaza, podrías decir a este sicómoro: Sal de raíz, y plántate en el mar, y te obedecería" (Lucas 17:6). Piénselo: el papel moneda, las notas legales y las hipotecas se hacen de árboles, y Jesús dijo que el árbol obedecería sus palabras llenas de fe. Filipenses 2:9 declara: "Por lo cual Dios también le exaltó hasta lo sumo, y le dio un nombre que es sobre todo nombre". El versículo 10 dice: "Para que en el nombre de Jesús se doble toda rodilla de los que están en los cielos, y en la tierra, y debajo de la tierra". Jesús nos ha dado el derecho de utilizar su Nombre.

Hable a sus finanzas y dígales que se alineen con la Palabra de Dios. Las declaraciones enumeradas a continuación le capacitarán para tomar autoridad sobre los asuntos financieros colocando el poder creativo de la Palabra de Dios en su corazón y en su boca. ¡Usted, también, puede hablar a la montaña y verla removida!

Para eliminar la deuda

Haga varias copias de los papeles de las hipotecas, notificaciones, deudas de tarjetas de crédito, facturas vencidas, impuestos y otros que representen sus deudas y colóquelos delante de usted. Declare enfáticamente con la autoridad de la Palabra de Dios:

> *En el nombre de Jesús y en la autoridad de su Santa Palabra, ¡proclamo estas deudas COMPLETAMENTE PAGADAS! Deuda, te hablo en el nombre de Jesús: ¡SÉ PAGADA Y VETE! ¡Desmaterialízate y DEJA DE EXISTIR! ¡Ahora declaro que todas mis deudas, hipotecas y compromisos están PAGADOS TOTALMENTE, CANCELADOS y DISUELTOS!*

PARA RECOGER EL DINERO QUE LE DEBEN A USTED O CUENTAS PAGABLES

Si hay personas que le deben dinero o clientes que deben dinero a su negocio, puede desatar esas finanzas para que fluyan hacia usted. Haga una lista de esas personas, negocios u organizaciones. Coloque la lista frente a usted, coloque las manos sobre ella y declare:

Jesús dijo que cualquier cosa que yo desatara en la tierra es desatada en el cielo; por lo tanto, DESATO las finanzas que me deben. ¡Proclamo ese dinero disponible para que estas cuentas sean PAGADAS en el nombre de Jesús! (Mateo 18:18).

PAGO TEMPORAL DE FACTURAS MENSUALES

Coloque sus facturas en una pila. Ponga sus manos sobre ellas y declare en voz alta:

Dios suple todas mis necesidades conforme a sus riquezas en gloria por Cristo Jesús. Dios es la fuente de mi provisión, y tengo más que suficiente para pagar mis facturas a tiempo. ¡SEAN TOTALMENTE PAGADAS! (Filipenses 4:19).

PARA VENDER PROPIEDADES

Asegúrese de que el precio que está pidiendo es justo. Proverbios 20:23 dice que "abominación a Jehová son las pesas falsas, y la balanza falsa no es buena". Usted puede hablar a su propiedad y decirle:

Escúchame. Te hablo a ti. Jesús dijo que me obedecerías. Vas a ser de bendición para alguien y ¡te proclamo VENDIDA EN EL NOMBRE DE JESÚS!

PARA COMPRAR PROPIEDADES

Yo llamo las cosas que no son como si fuesen. Ahora llamo la propiedad que corresponde a mis necesidades y deseos y será una bendición para mí. ¡TE LLAMO HACIA MÍ AHORA EN EL NOMBRE DE JESÚS! Declaro que lo más alto y lo mejor de Dios es hecho en este asunto y que los ángeles están trabajando ahora a mi favor (Romanos 4:17).

PARA ELIMINAR OBSTÁCULOS

Dios, tu Palabra dice que cualquier cosa que yo ate en la tierra es atada en el cielo y cualquier cosa que desate en la tierra es desatada en el cielo. Por lo tanto, en la autoridad de tu Palabra, ¡ato toda fuerza que se oponga a mi prosperidad financiera! ¡POR TANTO, DECLARO TODAS LAS MALDICIONES CONTRA MÍ NULAS, VACÍAS E INOFENSIVAS! ¡SOY REDIMIDO DE LA MALDICIÓN DE LA POBREZA! ¡SOY LIBRE

DE OPRESIÓN! Desato la abundancia de Dios, y todo eso que me pertenece por derecho ahora viene a mí bajo gracia de una manera perfecta.

LLAME LAS COSAS QUE NO SON PARA INCREMENTAR SU SALARIO

Como empleado, usted actúa en fe ejecutando su trabajo con la más alta integridad y diligencia. Actúe como si fuera un empleado muy bien pagado. Si es posible, diezme en fe anticipando su ascenso o promoción. Sostenga su cheque o su talón de pago en la mano, y diga:

Padre celestial, clamo por un ascenso mientras te honro con las primicias de mi aumento. Doy gracias por este trabajo y bendigo a mi empleador. Ahora declaro que este cheque se multiplica y aumenta. Ahora soy ricamente recompensado por mi trabajo, tanto creativa como financieramente (Proverbios 3:9, 10).

PARA AUMENTAR SUS INVERSIONES Y CUENTAS BANCARIAS

Haga una lista de sus inversiones y cuentas bancarias, o utilice estados de cuenta. Colóquelos frente a usted y proclame:

Llamo la abundancia mientras honro al Señor con mi capital y mis ganancias. Mis lugares de depósitos (inversiones y cuentas bancarias) están llenas a plenitud, y mis lagares llenos de mosto. Soy abundantemente provisto (Proverbios 3:9, 10).

PARA EMPLEO

Ahora disuelvo y aparto toda creencia negativa y limitante acerca de donde trabajaré y qué tipo de trabajo está disponible para mí. Me abro a todas las posibilidades de Dios. Clamo porque un empleo perfecto, satisfactorio, bien pagado se manifieste en mi vida. Siempre estoy en el lugar correcto en el momento correcto, porque el Espíritu de Dios dirige mis pasos (Proverbios 16:9; Romanos 5:17).

CUIDE SUS PALABRAS

Es vital que hable solo el resultado final y lo que desea. No contrarreste las declaraciones que ha hablado en fe. Las manifestaciones pueden no venir de inmediato. Aférrese a su confesión. No hable palabras contrarias o tontas. Diga lo que quiere decir y quiera decir lo que dice. Hable como si cada palabra que diga sucederá. Usted puede llenar su corazón y su boca con fe dando voz a diario a las confesiones escriturales (Hebreos 10:23; Romanos 10:8).

PROGRAME SU ESPÍRITU PARA EL ÉXITO[7]

Haga estas confesiones diariamente hasta que la fe venga.

Estoy lleno del conocimiento de la voluntad de Dios en toda sabiduría y entendimiento espiritual. Su voluntad es mi prosperidad (Colosenses 1:19).

Dios se deleita en mi prosperidad. Él me da poder para obtener riquezas, a fin de establecer su pacto sobre la tierra (Deuteronomio 8:18; 11:12).

Yo respondo inmediatamente en fe a la guía del Espíritu Santo dentro de mí. Siempre estoy en el lugar correcto en el momento correcto porque mis pasos son ordenados por el Señor (Salmos 37:23).

A medida que doy, se me da, medida buena, apretada, remecida y rebosando (Lucas 6:38).

Dios me ha dado todas las cosas que pertenecen a la vida y a la piedad, y soy muy capaz de poseer todo lo que Dios ha provisto para mí (Números 13:30; 2 Pedro 1:3, 4).

Dios es la fuente infalible e ilimitada de mi provisión. Mi ingreso financiero ahora aumenta a medida que las bendiciones del Señor me alcanzan (Deuteronomio 8:2).

Soy bendito en la ciudad, bendito en el campo, bendito en mi entrar y bendito en mi salida. Soy bendito en la cesta y bendito en la tienda. Mis cuentas bancarias, inversiones, salud y relaciones florecen. Las bendiciones del Señor me alcanzan en todas las áreas de mi vida (Deuteronomio 28:1-14).

Honro al Señor con mis bienes y las primicias de mi aumento. Mis graneros están llenos con abundancia, y mis lagares llenos rebosan de mosto (Proverbios 3:9, 10).

Soy como un árbol plantado junto a ríos de agua. Doy fruto a su tiempo, mi hoja no cae, y todo lo que hago prosperará. La gracia de Dios hace prosperar aun mis errores (Salmos 1:3).

Las bendiciones del Señor hacen verdaderamente rico, y no añade pena con ellas (Proverbios 10:22).

Mi Dios hace abundar toda gracia hacia mí en todo favor y bendición terrenal, para que tenga todo lo suficiente para todas las cosas y abunde para toda obra buena (2 Corintios 9:8).

El Señor ha abierto para mí su buen tesoro y ha bendecido la obra de mis manos. Él ha ordenado las bendiciones sobre mí en mis graneros y en todo lo que yo emprenda (Deuteronomio 28:8, 12).

Me deleito en el Señor, y él me da los deseos de mi corazón (Salmos 37:4).

El Señor reprende al devorador por mi causa, y ningún arma forjada contra mis finanzas prosperará. Todo obstáculo y limitación a mi prosperidad financiera son ahora disueltos (Malaquías 3:10, 11; Isaías 54:17).

Mi mente se renueva por la Palabra de Dios; por lo tanto, prohíbo a los pensamientos de fracaso y derrota que habiten mi mente (Efesios 4:23).

El Señor hace que mis pensamientos sean agradables a su voluntad, y así mis planes son establecidos y tienen éxito (Proverbios 16:3).

No hay carencia, porque mi Dios suple todas mis necesidades de acuerdo a sus riquezas en gloria por Cristo Jesús (Filipenses 4:19).

El Señor es mi Pastor, y no tengo falta. Jesús vino para que yo tuviera vida y para que la tenga en abundancia (Salmos 23:1; Juan 10:10).

Habiendo recibido la abundancia de la gracia y el don de la rectitud, reino como un monarca en la vida por Jesucristo (Romanos 5:17).

Soy librado del poder y la autoridad de las tinieblas. Echo fuera los razonamientos e imaginaciones que se exalten contra el conocimiento de Dios, y traigo todo pensamiento cautivo a la obediencia de la Palabra de Dios (2 Corintios 10:3-5).

Soy lleno con la sabiduría de Dios, y soy guiado a tomar decisiones financieras sabias y prósperas. El Espíritu de Dios me guía a toda verdad con respecto a mis asuntos financieros (Juan 16:13).

El Señor se complace en la prosperidad de su siervo, y las bendiciones de Abraham son mías (Salmos 35:27; Gálatas 3:14).

LOS ÁNGELES ESTÁN ESCUCHANDO

El trono de Dios está establecido en el cielo y su reino impera sobre todo (Salmos 103:19). Los ángeles fueron creados como espíritus ministradores para servir a aquellos que son herederos de la salvación (Hebreos 1:14). Una de las maneras en que ministran a y por nosotros es haciendo caso a nuestras palabras cuando hablamos las Palabras de Dios de acuerdo a él. Si le estamos dando voz a la Palabra de Dios y a sus promesas, entonces los ángeles tienen una asignación: que esa tarea se cumpla finalmente en la vida de usted. Ellos saben que Jesús dijo que usted puede tener lo que dice si cree y no duda. Así que deben complacer a Dios (v. 21), y Dios se complace en la prosperidad de sus siervos.

USTED TIENE AYUDA SOBRENATURAL

Cuando damos voz a la Palabra de Dios a diario, los ángeles y el Espíritu Santo obran diligentemente para arreglar nuestra prosperidad. Ellos ven que seamos guiados por nuestros espíritus para estar en el lugar apropiado en el momento correcto de modo que tengamos las promesas de Dios que estamos confesando manifiestas en nuestras vidas. Recuerde siempre que Dios se complace en la prosperidad de sus siervos y las bendiciones de Abraham son suyas debido a la abundancia de gracia manifestada a nosotros a través de Jesucristo nuestro Señor.

A medida que haga estas confesiones diarias, es probable que sienta que no son ciertas, pero la fe viene por el oír la Palabra de Dios, escucharse a sí mismo diciendo lo que Dios dijo acerca de usted (Romanos 10:17). La fe vendrá, y un día usted despertará y se sentirá rico aun cuando no tenga ni un dólar en su bolsillo. Sus sentimientos se alinearán con la Palabra de Dios.

Dios creó el universo con los métodos que usted acaba de poner en movimiento: por el poder de sus palabras. El hombre es creado a la imagen de Dios y libera su fe en las palabras. La Palabra de Dios, concebida en el espíritu humano, formada por la lengua y expresada con la boca, es poder creativo que dará resultados para usted.

ESCRITURAS

Génesis 1:28, 31

Y los bendijo Dios, y les dijo: Fructificad y multiplicaos; llenad la tierra, y sojuzgadla, y señoread en los peces del mar, en las aves de los cielos, y en todas las bestias que se mueven sobre la tierra.

Y vio Dios todo lo que había hecho, y he aquí que era bueno en gran manera. Y fue la tarde y la mañana el día sexto.

Éxodo 23:25-26

Mas a Jehová vuestro Dios serviréis, y él bendecirá tu pan y tus aguas; y yo quitaré toda enfermedad de en medio de ti.

No habrá mujer que aborte, ni estéril en tu tierra; y yo completaré el número de tus días.

Números 13:30

Entonces Caleb hizo callar al pueblo delante de Moisés, y dijo: Subamos luego, y tomemos posesión de ella; porque más podremos nosotros que ellos.

Deuteronomio 8:18

Sino acuérdate de Jehová tu Dios, porque él te da el poder para hacer las riquezas, a fin de confirmar su pacto que juró a tus padres, como en este día.

Deuteronomio 11:12

Tierra de la cual Jehová tu Dios cuida; siempre están sobre ella los ojos de Jehová tu Dios, desde el principio del año hasta el fin.

Deuteronomio 28 (capítulo completo)

Acontecerá que si oyeres atentamente la voz de Jehová tu Dios, para guardar y poner por obra todos sus mandamientos que yo te prescribo hoy, también Jehová tu Dios te exaltará sobre todas las naciones de la tierra. Y vendrán sobre ti todas estas bendiciones, y te alcanzarán, si oyeres la voz de Jehová tu Dios. Bendito serás tú en la ciudad, y bendito tú en el campo. Bendito el fruto de tu vientre, el fruto de tu tierra, el fruto de tus bestias, la cría de tus vacas y los rebaños de tus ovejas. Benditas serán tu canasta y tu artesa de amasar. Bendito serás en tu entrar, y bendito en tu salir. Jehová derrotará a tus enemigos que se levantaren contra ti; por un camino saldrán contra ti, y por siete caminos huirán de delante de ti. Jehová te enviará su bendición sobre tus graneros, y sobre todo aquello en que pusieres tu mano; y te bendecirá en la tierra que Jehová tu Dios te da. Te confirmará Jehová por pueblo santo suyo, como te lo ha jurado, cuando guardares los mandamientos de Jehová tu Dios, y anduvieres en sus caminos. Y verán todos los pueblos de la tierra que el nombre de Jehová es invocado sobre ti, y te temerán. Y te hará Jehová sobreabundar en bienes, en el fruto de tu vientre, en el fruto de tu bestia, y en el fruto de tu tierra, en el país que Jehová juró a tus padres que te había de dar. Te abrirá Jehová su buen tesoro, el cielo, para enviar la lluvia a tu tierra en su tiempo, y para bendecir toda obra de tus manos. Y prestarás a muchas naciones, y tú no pedirás prestado. Te pondrá Jehová por cabeza, y no por cola; y estarás encima solamente, y no estarás debajo, si obedecieres los mandamientos de Jehová tu Dios, que yo te ordeno hoy, para que los guardes y cumplas, y si no te apartares de todas las palabras que yo te mando hoy, ni a diestra ni a siniestra, para ir tras dioses ajenos y servirles. Pero acontecerá, si no oyeres la voz de Jehová tu Dios, para procurar cumplir todos sus mandamientos y sus estatutos que yo te intimo hoy, que vendrán sobre ti todas estas maldiciones, y te alcanzarán. Maldito serás tú en la ciudad, y maldito en el campo. Maldita tu canasta, y tu artesa de amasar. Maldito el fruto de tu vientre, el fruto de tu tierra, la cría de tus vacas, y los rebaños de tus ovejas. Maldito serás en tu entrar, y maldito en tu salir. Y Jehová enviará contra ti la maldición, quebranto y asombro en todo cuanto pusieres mano e hicieres, hasta que seas destruido, y perezcas pronto a causa de la maldad de tus obras por las cuales me habrás dejado. Jehová traerá sobre ti mortandad, hasta que te consuma de la tierra a la cual entras para tomar posesión de ella. Jehová te herirá de tisis, de fiebre, de inflamación y de ardor, con sequía, con calamidad repentina y con añublo; y te perseguirán hasta que perezcas. Y los cielos que están sobre tu cabeza serán de bronce, y la tierra que está debajo de ti, de hierro. Dará Jehová por lluvia a tu tierra polvo y ceniza; de los cielos descenderán sobre ti hasta que perezcas. Jehová te entregará derrotado delante de tus enemigos; por un camino saldrás contra ellos, y por siete caminos huirás delante de ellos; y serás vejado por todos los reinos de la tierra. Y tus cadáveres servirán de comida a toda ave del cielo y fiera de la tierra, y no habrá quien las espante. Jehová te herirá con la úlcera de Egipto, con tumores, con sarna, y con comezón de que no puedas ser curado. Jehová te herirá con locura, ceguera y turbación de espíritu; y palparás a mediodía como palpa el ciego en la oscuridad, y no serás prosperado en tus caminos; y no serás sino oprimido y robado todos los días, y no habrá quien te salve. Te desposarás con mujer, y otro varón dormirá con ella;

edificarás casa, y no habitarás en ella; plantarás viña, y no la disfrutarás. Tu buey será matado delante de tus ojos, y tú no comerás de él; tu asno será arrebatado de delante de ti, y no te será devuelto; tus ovejas serán dadas a tus enemigos, y no tendrás quien te las rescate. Tus hijos y tus hijas serán entregados a otro pueblo, y tus ojos lo verán, y desfallecerán por ellos todo el día; y no habrá fuerza en tu mano. El fruto de tu tierra y de todo tu trabajo comerá pueblo que no conociste; y no serás sino oprimido y quebrantado todos los días. Y enloquecerás a causa de lo que verás con tus ojos. Te herirá Jehová con maligna pústula en las rodillas y en las piernas, desde la planta de tu pie hasta tu coronilla, sin que puedas ser curado. Jehová te llevará a ti, y al rey que hubieres puesto sobre ti, a nación que no conociste ni tú ni tus padres; y allá servirás a dioses ajenos, al palo y a la piedra. Y serás motivo de horror, y servirás de refrán y de burla a todos los pueblos a los cuales te llevará Jehová. Sacarás mucha semilla al campo, y recogerás poco, porque la langosta lo consumirá. Plantarás viñas y labrarás, pero no beberás vino, ni recogerás uvas, porque el gusano se las comerá. Tendrás olivos en todo tu territorio, mas no te ungirás con el aceite, porque tu aceituna se caerá. Hijos e hijas engendrarás, y no serán para ti, porque irán en cautiverio. Toda tu arboleda y el fruto de tu tierra serán consumidos por la langosta. El extranjero que estará en medio de ti se elevará sobre ti muy alto, y tú descenderás muy abajo. Él te prestará a ti, y tú no le prestarás a él; él será por cabeza, y tú serás por cola. Y vendrán sobre ti todas estas maldiciones, y te perseguirán, y te alcanzarán hasta que perezcas; por cuanto no habrás atendido a la voz de Jehová tu Dios, para guardar sus mandamientos y sus estatutos, que él te mandó; y serán en ti por señal y por maravilla, y en tu descendencia para siempre. Por cuanto no serviste a Jehová tu Dios con alegría y con gozo de corazón, por la abundancia de todas las cosas, servirás, por tanto, a tus enemigos que enviare Jehová contra ti, con hambre y con sed y con desnudez, y con falta de todas las cosas; y él pondrá yugo de hierro sobre tu cuello, hasta destruirte. Jehová traerá contra ti una nación de lejos, del extremo de la tierra, que vuele como águila, nación cuya lengua no entiendas; gente fiera de rostro, que no tendrá respeto al anciano, ni perdonará al niño; y comerá el fruto de tu bestia y el fruto de tu tierra, hasta que perezcas; y no te dejará grano, ni mosto, ni aceite, ni la cría de tus vacas, ni los rebaños de tus ovejas, hasta destruirte. Pondrá sitio a todas tus ciudades, hasta que caigan tus muros altos y fortificados en que tú confías, en toda tu tierra; sitiará, pues, todas tus ciudades y toda la tierra que Jehová tu Dios te hubiere dado. Y comerás el fruto de tu vientre, la carne de tus hijos y de tus hijas que Jehová tu Dios te dio, en el sitio y en el apuro con que te angustiará tu enemigo. El hombre tierno en medio de ti, y el muy delicado, mirará con malos ojos a su hermano, y a la mujer de su seno, y al resto de sus hijos que le quedaren; para no dar a alguno de ellos de la carne de sus hijos, que él comiere, por no haberle quedado nada, en el asedio y en el apuro con que tu enemigo te oprimirá en todas tus ciudades. La tierna y la delicada entre vosotros, que nunca la planta de su pie intentaría sentar sobre la tierra, de pura delicadeza y ternura, mirará con malos ojos al marido de su seno, a su hijo, a su hija, al recién nacido que sale de entre sus pies, y a sus hijos que diere a luz; pues los comerá ocultamente, por la carencia de todo, en el asedio y en el apuro con que tu enemigo te oprimirá en tus ciudades. Si no cuidares de poner por obra todas las palabras de esta ley que están escritas en este libro, temiendo este nombre glorioso y temible: JEHOVÁ TU DIOS, entonces Jehová aumentará maravillosamente tus plagas y las plagas de tu descendencia, plagas grandes y permanentes, y enfermedades malignas y duraderas; y traerá sobre ti todos los males de Egipto, delante de los cuales temiste, y no te dejarán. Asimismo toda enfermedad y toda plaga que no está escrita en el libro de esta ley, Jehová la enviará sobre ti, hasta que seas destruido. Y quedaréis pocos en número, en lugar de haber sido como las estrellas del cielo en multitud, por cuanto no obedecisteis a la voz de Jehová tu Dios. Así como Jehová se gozaba en haceros bien y en multiplicaros, así se gozará Jehová en arruinaros y en destruiros; y seréis arrancados de sobre la tierra a la cual entráis para tomar posesión de ella. Y Jehová te esparcirá por todos los pueblos, desde un extremo de la tierra hasta el otro extremo; y allí servirás a dioses ajenos que no conociste tú ni tus padres, al leño y a la piedra. Y ni aun entre estas naciones descansarás, ni la planta de tu pie tendrá reposo; pues allí te dará Jehová corazón temeroso, y desfallecimiento de ojos, y tristeza de alma; y tendrás tu vida como algo que pende delante de ti, y estarás temeroso de noche y de día, y no tendrás seguridad de tu vida. Por la mañana dirás: ¡Quién diera que fuese la tarde! y a la tarde dirás: ¡Quién diera que fuese la mañana! por el miedo de tu corazón con que estarás amedrentado, y por lo que verán tus ojos. Y Jehová te hará volver a Egipto en naves, por el camino del cual te ha dicho: Nunca más volverás; y allí seréis vendidos a vuestros enemigos por esclavos y por esclavas, y no habrá quien os compre.

Deuteronomio 34:7

Era Moisés de edad de ciento veinte años cuando murió; sus ojos nunca se oscurecieron, ni perdió su vigor.

Nehemías 8:10

Luego les dijo: Id, comed grosuras, y bebed vino dulce, y enviad porciones a los que no tienen nada preparado; porque día santo es a nuestro Señor; no os entristezcáis, porque el gozo de Jehová es vuestra fuerza. Luego les dijo: Id, comed grosuras, y bebed vino dulce, y enviad porciones a los que no tienen nada preparado; porque día santo es a nuestro Señor; no os entristezcáis, porque el gozo de Jehová es vuestra fuerza.

Salmos 1:3

Será como árbol plantado junto a corrientes de aguas, que da su fruto en su tiempo, y su hoja no cae; y todo lo que hace, prosperará.

Salmos 23:1, 4

Jehová es mi pastor; nada me faltará.

Aunque ande en valle de sombra de muerte, no temeré mal alguno, porque tú estarás conmigo; tu vara y tu cayado me infundirán aliento.

Salmos 27:1

Jehová es mi luz y mi salvación; ¿de quién temeré? Jehová es la fortaleza de mi vida; ¿de quién he de atemorizarme?

Salmos 35:27

Canten y alégrense los que están a favor de mi justa causa, y digan siempre: Sea exaltado Jehová, que ama la paz de su siervo.

Salmos 37:4, 23

Deléitate asimismo en Jehová, y él te concederá las peticiones de tu corazón.

Por Jehová son ordenados los pasos del hombre, y él aprueba su camino.

Salmos 91:10-11

No te sobrevendrá mal, ni plaga tocará tu morada. Pues a sus ángeles mandará acerca de ti, que te guarden en todos tus caminos.

Salmos 103:2-5

Bendice, alma mía, a Jehová, y no olvides ninguno de sus beneficios. Él es quien perdona todas tus iniquidades, el que sana todas tus dolencias; el que rescata del hoyo tu vida, el que te corona de favores y misericordias; el que sacia de bien tu boca de modo que te rejuvenezcas como el águila.

Salmos 107:20

Envió su palabra, y los sanó, y los libró de su ruina.

Salmos 118:17

No moriré, sino que viviré, y contaré las obras de JAH.

Salmos 119:25, 89

Abatida hasta el polvo está mi alma; vivifícame según tu palabra. Para siempre, oh Jehová, permanece tu palabra en los cielos.

Salmos 138:8

Jehová cumplirá su propósito en mí; tu misericordia, oh Jehová, es para siempre; no desampares la obra de tus manos.

Proverbios 3:5-6, 9-10

Fíate de Jehová de todo tu corazón, y no te apoyes en tu propia prudencia. Reconócelo en todos tus caminos, y él enderezará tus veredas.

Honra a Jehová con tus bienes, y con las primicias de todos tus frutos; y serán llenos tus graneros con abundancia, y tus lagares rebosarán de mosto.

Proverbios 4:20-23

Hijo mío, está atento a mis palabras; inclina tu oído a mis razones. No se aparten de tus ojos; guárdalas en medio de tu corazón; porque son vida a los que las hallan, y medicina a todo su cuerpo. Sobre toda cosa guardada, guarda tu corazón; porque de él mana la vida.

Proverbios 10:22

La bendición de Jehová es la que enriquece, y no añade tristeza con ella.

Proverbios 12:14, 18, 28

El hombre será saciado de bien del fruto de su boca; y le será pagado según la obra de sus manos.

Hay hombres cuyas palabras son como golpes de espada; mas la lengua de los sabios es medicina.

En el camino de la justicia está la vida; y en sus caminos no hay muerte.

Proverbios 13:3

El que guarda su boca guarda su alma; mas el que mucho abre sus labios tendrá calamidad.

Proverbios 14:30

El corazón apacible es vida de la carne; mas la envidia es carcoma de los huesos.

Proverbios 16:3

Encomienda a Jehová tus obras, y tus pensamientos serán afirmados.

Proverbios 16:9, 24

El corazón del hombre piensa su camino; mas Jehová endereza sus pasos.

Panal de miel son los dichos suaves; suavidad al alma y medicina para los huesos.

Proverbios 17:22

El corazón alegre constituye buen remedio; mas el espíritu triste seca los huesos.

Isaías 53:5-6

Mas él herido fue por nuestras rebeliones, molido por nuestros pecados; el castigo de nuestra paz fue sobre él, y por su llaga fuimos nosotros curados. Todos nosotros nos descarriamos como ovejas, cada cual se apartó por su camino; mas Jehová cargó en él el pecado de todos nosotros.

Isaías 54:13-14, 17

Y todos tus hijos serán enseñados por Jehová; y se multiplicará la paz de tus hijos. Con justicia serás adornada; estarás lejos de opresión, porque no temerás, y de temor, porque no se acercará a ti.

Ninguna arma forjada contra ti prosperará, y condenarás toda lengua que se levante contra ti en juicio. Esta es la herencia de los siervos de Jehová, y su salvación de mí vendrá, dijo Jehová.

Isaías 55:11

Así será mi palabra que sale de mi boca; no volverá a mí vacía, sino que hará lo que yo quiero, y será prosperada en aquello para que la envié.

Malaquías 3:10-11

Traed todos los diezmos al alfolí, y haya alimento en mi casa; y probadme ahora en esto, dice Jehová de los ejércitos, si no os abriré las ventanas de los cielos, y derramaré sobre vosotros bendición hasta que sobreabunde.

Reprenderé también por vosotros al devorador, y no os destruirá el fruto de la tierra, ni vuestra vid en el campo será estéril, dice Jehová de los ejércitos.

Mateo 6:12

Y perdónanos nuestras deudas, como también nosotros perdonamos a nuestros deudores.

Mateo 12:25, 35

Sabiendo Jesús los pensamientos de ellos, les dijo: Todo reino dividido contra sí mismo, es asolado, y toda ciudad o casa dividida contra sí misma, no permanecerá.

El hombre bueno, del buen tesoro del corazón saca buenas cosas; y el hombre malo, del mal tesoro saca malas cosas.

Mateo 16:19

A ti te daré las llaves del reino de los cielos; y todo lo que atares en la tierra será atado en los cielos; y todo lo que desatares en la tierra será desatado en los cielos.

Mateo 17:20

Jesús les dijo: Por vuestra poca fe; porque de cierto os digo, que si tuviereis fe como un grano de mostaza, diréis a este monte: Pásate de aquí allá, y se pasará; y nada os será imposible.

Mateo 18:18

De cierto os digo que todo lo que atéis en la tierra, será atado en el cielo; y todo lo que desatéis en la tierra, será desatado en el cielo.

Marcos 11:23

Porque de cierto os digo que cualquiera que dijere a este monte: Quítate y échate en el mar, y no dudare en su corazón, sino creyere que será hecho lo que dice, lo que diga le será hecho.

Marcos 16:17-18

Y estas señales seguirán a los que creen: En mi nombre echarán fuera demonios; hablarán nuevas lenguas; tomarán en las manos serpientes, y si bebieren cosa mortífera, no les hará daño; sobre los enfermos pondrán sus manos, y sanarán.

Lucas 6:38

Dad, y se os dará; medida buena, apretada, remecida y rebosando darán en vuestro regazo; porque con la misma medida con que medís, os volverán a medir.

Lucas 17:6

Entonces el Señor dijo: Si tuvierais fe como un grano de mostaza, podríais decir a este sicómoro: Desarráigate, y plántate en el mar; y os obedecería.

Juan 5:24

De cierto, de cierto os digo: El que oye mi palabra, y cree al que me envió, tiene vida eterna; y no vendrá a condenación, mas ha pasado de muerte a vida. De cierto, de cierto os digo: El que oye mi palabra, y cree al que me envió, tiene vida eterna; y no vendrá a condenación, mas ha pasado de muerte a vida.

Juan 6:63

El espíritu es el que da vida; la carne para nada aprovecha; las palabras que yo os he hablado son espíritu y son vida.

Juan 10:4-5, 10, 29

Y cuando ha sacado fuera todas las propias, va delante de ellas; y las ovejas le siguen, porque conocen su voz. Mas al extraño no seguirán, sino huirán de él, porque no conocen la voz de los extraños.

El ladrón no viene sino para hurtar y matar y destruir; yo he venido para que tengan vida, y para que la tengan en abundancia.

Mi Padre que me las dio, es mayor que todos, y nadie las puede arrebatar de la mano de mi Padre.

Juan 14:13, 20

Y todo lo que pidiereis al Padre en mi nombre, lo haré, para que el Padre sea glorificado en el Hijo.

En aquel día vosotros conoceréis que yo estoy en mi Padre, y vosotros en mí, y yo en vosotros.

Juan 16:13, 23-24

Pero cuando venga el Espíritu de verdad, él os guiará a toda la verdad; porque no hablará por su propia cuenta, sino que hablará todo lo que oyere, y os hará saber las cosas que habrán de venir.

En aquel día no me preguntaréis nada. De cierto, de cierto os digo, que todo cuanto pidiereis al Padre en mi nombre, os lo dará. Hasta ahora nada habéis pedido en mi nombre; pedid, y recibiréis, para que vuestro gozo sea cumplido.

Juan 17:23

Yo en ellos, y tú en mí, para que sean perfectos en unidad, para que el mundo conozca que tú me enviaste, y que los has amado a ellos como también a mí me has amado.

Romanos 4:17

(Como está escrito: Te he puesto por padre de muchas gentes) delante de Dios, a quien creyó, el cual da vida a los muertos, y llama las cosas que no son, como si fuesen.

Romanos 5:5, 17

Y la esperanza no avergüenza; porque el amor de Dios ha sido derramado en nuestros corazones por el Espíritu Santo que nos fue dado.

Pues si por la transgresión de uno solo reinó la muerte, mucho más reinarán en vida por uno solo, Jesucristo, los que reciben la abundancia de la gracia y del don de la justicia.

Romanos 6:11, 13-14

Así también vosotros consideraos muertos al pecado, pero vivos para Dios en Cristo Jesús, Señor nuestro.

Ni tampoco presentéis vuestros miembros al pecado como instrumentos de iniquidad, sino presentaos vosotros mismos a Dios como vivos de entre los muertos, y vuestros miembros a Dios como instrumentos de justicia. Porque el pecado no se enseñoreará de vosotros; pues no estáis bajo la ley, sino bajo la gracia.

Romanos 8:2, 11-12, 31

Porque la ley del Espíritu de vida en Cristo Jesús me ha librado de la ley del pecado y de la muerte.

Y si el Espíritu de aquel que levantó de los muertos a Jesús mora en vosotros, el que levantó de los muertos a Cristo Jesús vivificará también vuestros cuerpos mortales por su Espíritu que mora en vosotros. Así que, hermanos, deudores somos, no a la carne, para que vivamos conforme a la carne.

¿Qué, pues, diremos a esto? Si Dios es por nosotros, ¿quién contra nosotros?

Romanos 10:8

Mas ¿qué dice? Cerca de ti está la palabra, en tu boca y en tu corazón. Esta es la palabra de fe que predicamos.

Romanos 12:1-2, 21

Así que, hermanos, os ruego por las misericordias de Dios, que presentéis vuestros cuerpos en sacrificio vivo, santo, agradable a Dios, que es vuestro culto racional. No os conforméis a este siglo, sino transformaos por medio de la renovación de vuestro entendimiento, para que comprobéis cuál sea la buena voluntad de Dios, agradable y perfecta.

No seas vencido de lo malo, sino vence con el bien el mal.

1 Corintios 1:30

Mas por él estáis vosotros en Cristo Jesús, el cual nos ha sido hecho por Dios sabiduría, justificación, santificación y redención.

1 Corintios 2:16

Porque ¿quién conoció la mente del Señor? ¿Quién le instruirá? Mas nosotros tenemos la mente de Cristo.

1 Corintios 6:19

¿O ignoráis que vuestro cuerpo es templo del Espíritu Santo, el cual está en vosotros, el cual tenéis de Dios, y que no sois vuestros?

1 Corintios 12:27

Vosotros, pues, sois el cuerpo de Cristo, y miembros cada uno en particular.

2 Corintios 5:17, 21

De modo que si alguno está en Cristo, nueva criatura es; las cosas viejas pasaron; he aquí todas son hechas nuevas.

Al que no conoció pecado, por nosotros lo hizo pecado, para que nosotros fuésemos hechos justicia de Dios en él.

2 Corintios 6:16

¿Y qué acuerdo hay entre el templo de Dios y los ídolos? Porque vosotros sois el templo del Dios viviente, como Dios dijo: Habitaré y andaré entre ellos, y seré su Dios, y ellos serán mi pueblo.

2 Corintios 8:9

Porque ya conocéis la gracia de nuestro Señor Jesucristo, que por amor a vosotros se hizo pobre, siendo rico, para que vosotros con su pobreza fueseis enriquecidos.

2 Corintios 9:6-8

Pero esto digo: El que siembra escasamente, también segará escasamente; y el que siembra generosamente, generosamente también segará. Cada uno dé como propuso en su corazón: no con tristeza, ni por necesidad, porque Dios ama al dador alegre. Y poderoso es Dios para hacer que abunde en vosotros toda gracia, a fin de que, teniendo siempre en todas las cosas todo lo suficiente, abundéis para toda buena obra.

2 Corintios 10:3-5

Pues aunque andamos en la carne, no militamos según la carne; porque las armas de nuestra milicia no son carnales, sino poderosas en Dios para la destrucción de fortalezas, derribando argumentos y toda altivez que se levanta contra el conocimiento de Dios, y llevando cautivo todo pensamiento a la obediencia a Cristo...

Gálatas 1:4

El cual se dio a sí mismo por nuestros pecados para librarnos del presente siglo malo, conforme a la voluntad de nuestro Dios y Padre,

Gálatas 3:13-14

Cristo nos redimió de la maldición de la ley, hecho por nosotros maldición (porque está escrito: Maldito todo el que es colgado en un madero), para que en Cristo Jesús la bendición de Abraham alcanzase a los gentiles, a fin de que por la fe recibiésemos la promesa del Espíritu.

Efesios 1:17-18

... para que el Dios de nuestro Señor Jesucristo, el Padre de gloria, os dé espíritu de sabiduría y de revelación en el conocimiento de él, alumbrando los ojos de vuestro entendimiento, para que sepáis cuál es la esperanza a que él os ha llamado, y cuáles las riquezas de la gloria de su herencia en los santos...

Efesios 2:10, 22

Porque somos hechura suya, creados en Cristo Jesús para buenas obras, las cuales Dios preparó de antemano para que anduviésemos en ellas.

... en quien vosotros también sois juntamente edificados para morada de Dios en el Espíritu.

Efesios 4:15, 23, 29

... sino que siguiendo la verdad en amor, crezcamos en todo en aquel que es la cabeza, esto es, Cristo...

... y renovaos en el espíritu de vuestra mente...

Ninguna palabra corrompida salga de vuestra boca, sino la que sea buena para la necesaria edificación, a fin de dar gracia a los oyentes.

Efesios 6:12, 16

Porque no tenemos lucha contra sangre y carne, sino contra principados, contra potestades, contra los gobernadores de las tinieblas de este siglo, contra huestes espirituales de maldad en las regiones celestes.

Sobre todo, tomad el escudo de la fe, con que podáis apagar todos los dardos de fuego del maligno.

Filipenses 4:7-8, 13, 19

Y la paz de Dios, que sobrepasa todo entendimiento, guardará vuestros corazones y vuestros pensamientos en Cristo Jesús. Por lo demás, hermanos, todo lo que es verdadero, todo lo honesto, todo lo justo, todo lo puro, todo lo amable, todo lo que es de buen nombre; si hay virtud alguna, si algo digno de alabanza, en esto pensad.

Todo lo puedo en Cristo que me fortalece.

Mi Dios, pues, suplirá todo lo que os falta conforme a sus riquezas en gloria en Cristo Jesús.

Colosenses 1:9-11, 13-14, 19, 21-22

Por lo cual también nosotros, desde el día que lo oímos, no cesamos de orar por vosotros, y de pedir que seáis llenos del conocimiento de su voluntad en toda sabiduría e inteligencia espiritual, para que andéis como es digno del Señor, agradándole en todo, llevando fruto en toda buena obra, y creciendo en el conocimiento de Dios; fortalecidos con todo poder, conforme a la potencia de su gloria, para toda paciencia y longanimidad...

... el cual nos ha librado de la potestad de las tinieblas, y trasladado al reino de su amado Hijo, en quien tenemos redención por su sangre, el perdón de pecados.

... por cuanto agradó al Padre que en él habitase toda plenitud...

Y a vosotros también, que erais en otro tiempo extraños y enemigos en vuestra mente, haciendo malas obras, ahora os ha reconciliado en su cuerpo de carne, por medio de la muerte, para presentaros santos y sin mancha e irreprensibles delante de él.

Colosenses 2:10

Y vosotros estáis completos en él, que es la cabeza de todo principado y potestad.

Colosenses 3:10, 15-16

... y revestido del nuevo, el cual conforme a la imagen del que lo creó se va renovando hasta el conocimiento pleno...

Y la paz de Dios gobierne en vuestros corazones, a la que asimismo fuisteis llamados en un solo cuerpo; y sed agradecidos. La palabra de Cristo more en abundancia en vosotros, enseñándoos y exhortándoos unos a otros en toda sabiduría...

Hebreos 10:23

Mantengamos firme, sin fluctuar, la profesión de nuestra esperanza, porque fiel es el que prometió.

Santiago 1:5, 21-22

Y si alguno de vosotros tiene falta de sabiduría, pídala a Dios, el cual da a todos abundantemente y sin reproche, y le será dada.

Por lo cual, desechando toda inmundicia y abundancia de malicia, recibid con mansedumbre la palabra implantada, la cual puede salvar vuestras almas. Pero sed hacedores de la palabra, y no tan solamente oidores, engañándoos a vosotros mismos.

Santiago 3:2-5

Porque todos ofendemos muchas veces. Si alguno no ofende en palabra, éste es varón perfecto, capaz también de refrenar todo el cuerpo. He aquí nosotros ponemos freno en la boca de los caballos para que nos obedezcan, y dirigimos así todo su cuerpo. Mirad también las naves; aunque tan grandes, y llevadas de impetuosos vientos, son gobernadas con un muy pequeño timón por donde el que las gobierna quiere. Así también la lengua es un miembro pequeño, pero se jacta de grandes cosas. He aquí, ¡cuán grande bosque enciende un pequeño fuego!

Santiago 4:7

Someteos, pues, a Dios; resistid al diablo, y huirá de vosotros.

1 Pedro 2:24

Quien llevó él mismo nuestros pecados en su cuerpo sobre el madero, para que nosotros, estando muertos a los pecados, vivamos a la justicia; y por cuya herida fuisteis sanados.

2 Pedro 1:3-4

Como todas las cosas que pertenecen a la vida y a la piedad nos han sido dadas por su divino poder, mediante el conocimiento de aquel que nos llamó por su gloria y excelencia, por medio de las cuales nos ha dado preciosas y grandísimas promesas,

EL PODER CREATIVO DE DIOS

para que por ellas llegaseis a ser participantes de la naturaleza divina, habiendo huido de la corrupción que hay en el mundo a causa de la concupiscencia.

1 Juan 4:4

Hijitos, vosotros sois de Dios, y los habéis vencido; porque mayor es el que está en vosotros, que el que está en el mundo.

1 Juan 5:4-5

Porque todo lo que es nacido de Dios vence al mundo; y esta es la victoria que ha vencido al mundo, nuestra fe. ¿Quién es el que vence al mundo, sino el que cree que Jesús es el Hijo de Dios?

Apocalipsis 12:11

Y ellos le han vencido por medio de la sangre del Cordero y de la palabra del testimonio de ellos, y menospreciaron sus vidas hasta la muerte.

Oración de salvación

Dios le ama, independientemente de quien sea usted, pese a su pasado. Dios le ama tanto que dio a su único Hijo por usted. La Biblia nos dice que "… para que todo el que cree en él no se pierda, sino que tenga vida eterna" (Juan 3:16 NVI). Jesús puso su vida y se levantó otra vez para que pudiéramos pasar la eternidad con él en el cielo y experimentar su plenitud sobre la tierra. Si quiere recibir a Jesús en su vida, haga la siguiente oración en voz alta y hágalo de corazón.

Padre celestial, vengo a ti reconociendo que soy pecador. Ahora mismo, decido alejarme del pecado y te pido que me limpies de toda mi impiedad. Creo que tu Hijo, Jesús, murió sobre la cruz para quitar mis pecados. También creo que se levantó de los muertos para que yo pudiera ser perdonado de mis pecados y hecho recto por medio de la fe en él. Clamo al nombre de Jesucristo y lo confieso como mi Salvador y Señor de mi vida. Jesús, decido seguirte y pido que me llenes con el poder del Espíritu Santo. Declaro que ahora mismo soy hijo de Dios. Soy libre del pecado y lleno de la justicia de Dios. Soy salvo en el nombre de Jesús. Amén.

Si hizo esta oración para recibir a Jesucristo como su Salvador por primera vez, por favor comuníquese con nosotros a www.charlescapps.com

Charles Capps fue un granjero jubilado, desarrollador de tierras y ministro ordenado que viajaba por los Estados Unidos compartiendo la verdad de la Palabra de Dios. Impartió seminarios bíblicos durante treinta años, hablando acerca de cómo los cristianos pueden aplicar la Palabra a las circunstancias de la vida y vivir de manera victoriosa.

Además de ser autor de varios libros, incluyendo el best seller *The Tongue – A creative force* [La lengua: una fuerza creativa], y el minilibro *El poder creativo de Dios*, que ha vendido más de tres millones de ejemplares, el ministerio de Charles Capps mantiene una producción nacional radial diaria y un programa de televisión semanal por varias cadenas llamado "Concepts of Faith" [Conceptos de fe].

Annette Capps es la hija del autor y maestro Charles Capps. Es ministro ordenada, mujer de negocios y piloto. Desde la edad de catorce años, ha ministrado en iglesias en muchos países. Piloto colegiada, conduce su avión por los Estados Unidos, dirigiendo seminarios en un amplio rango de temas bíblicos.

Además del libro *Quantum Faith* [Fe cuántica], Annette es autora de otros dos libros titulados, *Reverse the Curse in your Body and Emotions* [Revierta la maldición en su cuerpo y sus emociones] y *Understanding Persecution* [Cómo entender la persecución].

Para una lista completa de cintas y libros de Charles Capps y Annette Capps, o para recibir su publicación Concepts of Faith, por favor escriba a:

Charles Capps Ministries
Annette Capps Ministries
P.O. Box 69
England, Arkansas 72046

O visítela en la red en:

www.annettecapps.com

NOTAS

1. Estas no son citas directas de la Biblia sino confesiones parafraseadas basadas en las Escrituras debajo de ellas. Por favor, refiérase a las Escrituras al final de este libro.
2. Estas no son citas directas de la Biblia sino confesiones parafraseadas basadas en las Escrituras indicadas debajo de ellas. Por favor, refiérase a las Escrituras al final de este libro.
3. Una enseñanza completa sobre esta materia está disponible en el libro del mismo autor *Faith and Confesión* (Harrison House, 1987).
4. George Ricker Berry (Baker Book House, 1897 por Hynes & Noble).
5. Kenneth E. Hagin, *El pensar bien y mal* (Kenneth Hagin Ministries, 1992).
6. Para ser declaradas enfáticamente y con autoridad destacando las palabras en mayúsculas. Por favor, refiérase a las Escrituras al final de este libro.
7. Por favor, refiérase a las Escrituras al final de este libro.

PRESENTAN:

Para vivir la Palabra

www.casacreacion.com

CASA
CREACIÓN

Te invitamos a que visites nuestra página web, donde podrás apreciar la pasión por la publicación de libros y Biblias:

www.casacreacion.com

 @CASACREACION

@CASACREACION

@CASACREACION

Para vivir la Palabra